我的愁我的苦媽媽，你從來不知道

侯玉珍 著

推薦序

承認得不到母愛，為自己哀悼，才能放下過去

諶淑婷（半媽半×文字工作者）

這幾年我以「逆媳」身分被媒體採訪，但我做了什麼？不過是決定孩子從母姓、自己留在家裡過年罷了，這些對男性來說都是理所當然的選擇，可見我們的社會仍深受父權文化主宰，太多習俗都是針對女性（尤其是媳婦這個身分）的打壓。正如本書作者所言，若是不把那些重男輕女的尖刺拔除，久了連受傷的女性自己都無感，但唯有找到傷害的源頭，才有展現力量的可能。

這也是《我的愁我的苦，媽媽，你從來不知道》值得一讀的原因，作者以親身經歷及心理諮商個案的經歷，探討母親的養育方式如何左右女兒的生命發展，如何讓一名女性永久地被困住或活出自己。

「母親對孩子的人格會產生決定性的影響」這句話勢必讓人皺眉，對女性

來說是十分嚴厲的指責與壓力。但作者不是爲了譴責母親，因爲不分性別與身分，嬰幼兒的主要照顧者都會對其大腦神經系統的發育程度造成影響，作者探討的是「人格特點和創傷」如何通過養育方式一代一代地傳遞下去，拿起本書的讀者即便不是女性，或者是沒有生育過的人，也能從中找到相似經驗。

作者會選擇母嬰關係爲主題，是因爲見到太多遭受不公平對待的女性，爲人母之後，讓自己的女兒遭受同樣經歷，她期盼能減少強迫性重複的苦難，也希望讀者能看見這些女性的生活環境及遭遇，可能是失去受教育的機會、分攤繁重家務、外出工作賺錢養活弟妹，最後結婚生子，她們從出生至最後一刻，都以某些男性爲生命中心。「每個人心裡都住著一個媽媽，我們可以把她叫作內在媽媽。在成長的過程裡，媽媽對待我們的方式會被我們內化到心裡，成爲人格的一部分。」作者提醒，要與糟糕的「內在媽媽」進行分離，才能帶來自我的成長、劃清心理邊界。這中間需要四個步驟：「覺察、反思、拒絕、表達」，這些正是我這幾年努力的方向。

過去我常困惑「像媽媽」是一種讚美還是批評？從小到大我一直沒有答案，直到結婚後某次與伴侶發生爭執時，他脫口說出：「你和你媽媽一模一樣！」我瞬間暴怒，心中同時點亮紅燈：像媽媽爲什麼讓我憤怒？在成長過程中，我到底是欣賞媽媽，還是討厭媽媽？我是渴望她的愛還是得不到她的愛？

經過了十年的反思與自省，我這兩年才明白以「現代女性」模樣活著的我，看似過得灑脫自在，擺脫了童年和成長中因性別受到差別待遇的痛苦，但苦悶的記憶沒有被化解，那成了我生命裡的疙瘩，我只是刻意忽略了，冷冷淡淡地對待自己。

在我生下女兒後我很快覺察媽媽與我的互動方式已經影響了我對待小孩的型態。我重新思考與母親的關係，決定設下底線，退出家庭群組、不接媽媽電話、將互動降至最低，以實際行動表達內心的拒絕感。這過程並不容易，有必要和媽媽鬧僵嗎？媽媽再過分也是生下自己的人，沒有她也沒有我啊？我的內心非常煎熬。一位同樣因母女關係受苦的朋友點醒我，要先承認得不到母愛，爲自己哀悼，才能放下過去，活在當下。誠實也是保護自己的一種方式。

一旦開始檢視母女關係，就讓我有機會看清楚這個社會如何把「家庭內的重男輕女」擴大成「社會中的父權主義」，最顯而易見的實例，就是男性在社群網路握有更強的發言權，輕易就能冠上專家的身分，即便那份權力與現實不符。例如在台灣，明明女性育兒時間更長、與子女更親密、負責更多家務管理，甚至還能有不錯的職涯發展，但知名的育兒專家往往是「××爸」、「××奶爸」，或是各科別的男醫師突然都能指點媽媽怎麼帶孩子（就算是小兒科醫師，難道就比較懂育兒？），這種展現教導權慾望的「Mansplaining」（男性說教），如今仍吸引許多媽媽粉絲，歡喜受教。

過去我常幫許多媒體、網路平台撰寫人物採訪文章，察覺了這個問題後，我開始在採訪現場坐立難安。我發現許多男性受訪者的能耐被過度讚美與誇大，忽略了他能專心經營事業與個人形象的原因，是背後有人（通常是女性）爲他打理一切。而女性受訪者的過分努力與堅強，也讓我感到痛苦，她們甚至沒意識到或是不願意提及，自己經歷了太多不公平，才能達到今日成就——那可能包括要同時兼顧完美母親的形象。

台灣看似趨近性別平等，也有不少男性批評「女權至上」，但只要讀過行政院每年的「性平圖像」，就會知道「男權爲尊」這道牆根本還未擊破，我們絕對不能就個人經驗去否定當前社會文化所塑造的「厭女環境」。

我很感謝，能在準備踏入與媽媽的和解階段前就先讀到這本書。我並不打算重建健康的母女關係，但我知道了一件事：放棄對媽媽的期待，憤怒、悲傷、絕望都是正常反應，無法原諒也是。因爲我也是一名母親了，我不能容忍過去那些自己被忽視與傷害的時刻，但我還是願意去看見媽媽活在重男輕女家族裡的苦，而且我要爲自己大力鼓掌，因爲走過這段歷程，我終於能成爲自己原本該有的模樣了。我想每個人都可以在這本書裡，找到屬於自己的母女關鍵字——可能是「共生關係」，媽媽藉由各種愛的方式控制孩子的所有決定；有「分離創傷」的媽媽可能以拒絕、威脅的方式，讓孩子和自己產生強大的依賴關係；還有喜歡下指導棋的「自戀型媽媽」，表面爲了孩子好，其實她只在乎自己的感受，沒有顧慮過孩子的狀況；「情感混亂」的媽媽既提供孩子生存的需要，也是讓他們恐懼的源頭。

當你讀完這本書，請嘗試從母親身上看見自己，不管你們之間的關係好壞，都該仔細審視與母親的關係，或許是修復創傷，也可以阻止創傷的代際傳遞，更可能是感謝母親沒有將任何的傷害延續到你的身體和大腦所記憶。接下來請相信，未來的生命經驗可以由你自己創造，你與孩子、伴侶間的關係，仍有機會獲得完全不同的展開機會，你絕對有力量，以自己想要的方式好好生活。

推薦序

做「足夠好的媽媽」就好

詹奇奇（IG @77reading）

《我的愁我的苦，媽媽，你從來不知道》以三十堂課短篇文章的方式談論女性創傷的形成、其創傷會如何影響內在性格，甚至是對下一代的影響。此書的三十堂課分成三大部分，以下針對三個部分簡介：

第一部分共十課，主要是討論「代際創傷」的原因及影響。面對童年時期的母親是如何對待女兒，將母女關係分成數種類型來一一解說，其中包括對孩子依舊保持母嬰「共生依賴」的母親、因故暫時或永久離開而造成孩子「分離創傷」的母親、太過自我而難以與孩子共情的「自戀型母親」……等等。

第二部分共七課，內容為幫助身為女兒的讀者擺脫母親的影響，此部分列出了幾個自我療癒的方法及步驟，讓我們從上一部分的理解母親，到原諒母親。造成影響的母親可能是現在的母親，也可能是過去的母親，甚至是已經內化至心中的「內在媽媽」。

第三部分共十三課，接續第一部分的理解與第二部分的原諒及和解，第三部分討論當我們成爲孩子的母親，該以何種態度或方法來對待我們的孩子，才不至於讓孩子同樣落入「代際創傷」的圈套？「完美媽媽」眞的存在嗎？

此書是一本非常易讀的心理學書籍，雖然只有三百多頁，但內容非常多元，可以說是從祖母或曾祖母她們那一輩所受到的創傷，談到我們這輩女性所受的影響、產後憂鬱，一直到我們這代孩子的教養。

在閱讀此書之前，我以爲自己是一個雖然是單親（兒時），但因爲整個外婆家人的照顧，算是有著美好童年的孩子。每當我回憶起過去，除了我超級調皮和受到的打罵教養（那一代應該都是）外，其實是想不起有太多不愉快的過去，更別說是想起造成我「創傷」的可能。

但可能因爲前陣子先生確診的關係，我在這幾個星期的情緒都處於大起大落的狀態，很容易被女兒激怒（正值討人厭的階段），所以在我讀了此書之後，我覺得很困惑：如果我的童年沒有對我造成任何創傷，爲什麼我會長成現在的樣子呢？我並非嫌棄自己，我已經夠大，很懂得愛自己，只是我開始從近期育兒非常缺乏耐性、常常對著孩子怒吼又後悔的部分懷疑自己，同時慢慢回顧過往的交友及戀愛經驗，因爲我發現書上的某些文字，根本就是在形容我。

於是我也開始以此書來分析自己，至少想先做到理解過去的部分。人生最初失去父親的影響已有許多書籍提過，所以我傳訊息問了阿姨，原來我媽只帶我到一歲，就出門去上班了啊。讀完這本書後，我覺得我不管是身爲女兒的身分，還是身爲母親，這本書都讓我獲益良多。過去的已經過去了，埋怨和責怪已無意義，我們要做的是與自己的內在媽媽和解。

我有能力改變的最主要還是在教養方面吧，只是在這方面，我還是很需要時間去覺察與改善。首先，要先原諒自己，也要相信世界上沒有完美媽媽，作者說，我們只要做「足夠好的媽媽」就可以了。

非常喜歡這本書！大概只有少數談論到自信與自尊的部分，我覺得和《自信練習》中的觀念有些衝突而已，但這仍然是一本必須推薦給所有的女性讀者的好書！

推薦序

重獲母性力量，成為更有力量的自己

蘇益賢（臨床心理師）

從女孩成爲女人，從女性成爲母親，這路上的每一關，其實都不容易。

在出生時，有些女孩不被家人期待，她們在心理上被拋棄、嫌棄，或者從未被雙親好好愛過。成爲女人時，擔憂自己的外貌與身材，總覺得自己不夠好。出於不安，以迎合、討好的方式和周遭的人互動，時常覺得「失去了自我」，不敢說出內心眞實的感受。成爲妻子後，也未必能得到先生與婆家尊重，甚至只被看作用來實踐「生兒育女」責任的人……這些情境雖看似連續劇，卻仍在某些地方眞實上演著。

「從女孩到女人」的任務如此困難，我們或許可用生理、心理與社會三個角度來切入。好比，以生理因素來看，不少女性花了許多力氣，去調適生理期、更年期、孕期生理上的變化。以社會因素來看，環境當中隱性的刻板印象與成見，也確實深深影響了許多女孩的成長。而在心理因素，我們不能不去探討的一個因素，則是來自家庭與成長經驗。

最近讀了《我的愁我的苦，媽媽，你從來不知道》這本書，太有感觸了。作者侯玉珍心理師，檢視自己從女孩成爲女人與妻子的經歷之後，發現自己內心曾受過的許多傷，其實與原生家庭、夫家家庭都很有關係。這些傷是怎麼來的呢？

一個受過傷的母親，會在有意無意間，把同樣的傷口，帶給她的孩子。

其中一個答案可能是「代間遺傳」。這種遺傳不純然是「生理上」的，而是在父母教養、養育孩子的過程中，無意識透過對談、相處、互動的過程，把某些東西「傳給」孩子。而當中，父母過往心裡曾受過的傷，也可能以這樣隱微的方式，傳給了下一代，書中稱爲「代際創傷」。

好比，一個小時候曾被視爲「附屬品」的女孩，長大後成爲了母親，沒發現自己在無意間把這種「被對待」的經驗代際傳給了女兒，讓女兒也默默地認同了這種被對待的方式，覺得自己就是附屬品。

在本書的第一部分，檢視了各種可能造成代際創傷的母親類型（其實這些母親也都是受傷的女人），好比自戀型、無回應型、拒絕型、情感混亂型的母親，會如何將她們曾受過的傷以代際創傷的方式傳給孩子。要能停止代際創傷，我們得先發現它的存在。因此，第一部分的認識與觀察是關鍵的。

而下一步，則是透過具體步驟，去「照顧」影響到你的傷口。作者提出的七步驟——分離、哀悼、自愛、和解、認同、發展與突破——也十分值得參考。最後，則是找到方法，讓自己有力量的「終止」這樣代際創傷的影響力。作者整理了許多經典的心理學概念，從心智化到涵容、從鏡映到表達，讓讀者有機會成爲一位有力量的女性與母親。誠如作者在前言所說：

「作爲母親，我們可以找到一條自我救贖之路。不管是從母親那裡遭受的創傷，還是我們可能傳遞給孩子的創傷，這些創傷的傳遞是可以被阻止的。因此，我們需要重新審視與母親的關係，找到生命源頭的創傷，看見它、修復它。通過修復創傷、阻止創傷的代際傳遞，我們可以重獲母性的力量，塑造獨立、自由的女性身分，成爲更有力量的自己。」

認眞地說，這不是一本讀起來輕鬆的書，特別當讀者也有過類似的受傷經驗時。因此，別急著看完，多留些時間給自己消化，適時停下來休息、喘口氣是重要的。此外，表面來看，有人或許會覺得這是一本好像在把我們的痛苦歸咎於母親的書。不過，本書更想帶來的反思其實是：不管是好的、壞的母親，母親都能作爲一面鏡子，透過她，我們將有機會更認識自己，而這才可能成爲改變的基礎。

自序
透過母親，看見自己

我是兩個孩子的母親。二十世紀七十年代出生的我，在原生家庭、夫家家庭和社會文化中經歷了女性身分帶來的種種困頓，這些經歷帶給我許多痛苦，但同時也爲我理解、思考和反思女性的生存環境提供了動力。

十幾年的心理學學習和與之相隨的自我成長，讓我有勇氣面對過往經歷中的種種不公：曾經遭受的不公平對待，對女性性別的限定、歧視甚至鄙視……也許對很多女性而言，在原生家庭中自己是「外人」，在婆家依然是「外人」，甚至很多女孩自出生起就不被家人期待，她們被拋棄、嫌棄或從未被媽媽好好愛過。

很多女孩結婚之後處境也並沒有好轉，她們得不到丈夫和婆家的尊重，作爲女性的價值似乎更多地體現在成爲母親，或者說是生一個兒子。生兒育女常常被認爲是女性的責任，她們在生育、養育孩子的過程中面臨的困境常常得不到理解。比如，有很多女性患上了產後憂鬱症，而這有時竟然被認爲是矯情的表現。

全職媽媽的困苦常常是在婚後多年才顯露的。她們中的一些人將自己人生中最美好的年華給了婚姻和家庭，但在某一天夫妻感情不和而被迫離婚時，全職媽媽往往沒有能力承受離婚的代價，因爲她們既沒有收入，又沒有其他經濟保障，因此得不到孩子的撫養權。妥協也許是她們心酸但又不得已的選擇。

身處職場的媽媽也非常不容易，她們不僅要從事一份養家糊口的工作，還要照顧家庭和孩子。這樣的艱辛只有身在其中的人才能眞正理解，而很少有丈夫能意識到這些並因此給予妻子更多情感上的支持和幫助。在這種情況下，孩子對媽媽的愛就容易成爲媽媽的精神支柱，這也是媽媽和孩子在心理上難以分離的原因之一。

我自己也經歷著女性身份帶來的問題，也常常因此陷入困境，但我一次次從深淵裡爬出來。哪吒那句「我命由我不由天」一直是我內心的信念。無論過去經歷了什麼、被怎樣對待，我都想走一條自己的路。人生不應由過去的悲苦所限定，而應由我自己書寫。

我的親身經歷以及臨床中來訪者的共同經歷促使我思考女性的議題，理解當前社會文化背景下女性的生存環境，不斷思考「母親」這個角色的眞正意義。我希望每一個女性，無論作爲女兒還是作爲母親，都能夠活出自己，過好這一生。

列夫・托爾斯泰在《安娜・卡列尼娜》中寫道：「幸福的家庭無不相似，不幸的家庭各有不幸。」

本書我想寫母親，這是因爲，基於對傳統文化和心理學的研究，我發現，我們的幸福與不幸在很大程度上都和母親對我們的養育方式有關。母親是生命的孕育者，也是家庭的靈魂。

唐納德・溫尼科特（Donald Winnicott）和約翰・鮑爾比（John Bowlby）等近代英國心理學家都提出：母親對孩子的人格會產生決定性的影響。母親養育的品質直接影響了嬰兒大腦神經系統的發育程度。由於母嬰關係天然的潛意識通道，母親的人格特點和創傷會通過養育方式一代一代地傳遞下去。因此，對女性而言，和母親的內在連結既可以是力量的源泉，也可能是混亂的根源。

在很大程度上，孩子與母親的第一段關係決定了他們的自我認同和自我價值觀。同時，這段關係也將爲其人格的發展奠定基礎。一個人的安全感、信任感、創造力等都受此影響。

在特定的一段歷史裡，從女孩到妻子到母親，女性總是處於他者和附屬的位置，遭受了很多不公平的對待。但是，也有很多女性認同這樣的做法，並且通過教養孩子的方式傳播這一思想。在我的日常生活和諮商工作裡，我聽到了許多讓人憤怒又哀傷的故事。很多女孩被貶低、被不公平對待，有時，實施這些行爲的竟然是她們的親生母親。

我們眞的需要重新審視並且好好思考這些問題！

心理學研究認爲，這些現象涉及「代際創傷的傳遞」和「文化認同」。如果母親因爲自己的性別而在個人成長過程中遭受過一些苦難，她們很可能在長大成人、爲人母之後，讓自己的女兒遭受同樣的經歷。這是一種強迫性重複。

這樣的重蹈覆轍實在讓人感覺心酸、可悲，同時又令人震撼。孩子不需要再經歷一遍母親曾經遭受的痛苦。作爲母親，我們可以找到一條自我救贖之路。不管是從母親那裡遭受的創傷，還是我們可能傳遞給孩子的創傷，這些創傷的傳遞是可以被阻止的。因此，我們需要重新審視與母親的關係，找到生命源頭的創傷，看見它、修復它。通過修復創傷、阻止創傷的代際傳遞，我們可以重獲母性的力量，塑造獨立、自由的女性身份，成爲更有力量的自己。一位詩人曾說：「在自己身上找到幸福並不容易，但在別的地方找到幸福是根本不可能的。」

如果我們想要一個更加歡喜的人生，的確需要給自己更多支援和成長的可能性。我希望本書能夠幫助你探尋和母親的關係，進而發現內在的核心關係模式；幫助你自我發現和成長，走出養育孩子的困境，擁有母性的力量，讓創傷和痛苦終止在自己這一代；幫助你帶著好奇的、開放的心態，洞察自己和他人的情緒情感，並理解背後的原因；讓你能放下自己的過去，擁抱內在小孩，發展自己的女性力量，成爲獨立的自己。

雖然你不一定能成爲更好的自己，但是當你閱讀本書時，你已經走在成爲更好的自己這條路上了。也許，這一路上並不總是輕鬆、舒適的，也許你會因爲痛苦、內疚而想要回避，這都很正常。

本書談到許多與母親有關的傷害，但是，這並不是要將我們的苦難歸咎於母親，而是要透過母親看見自己，更好地理解自己內在的情緒情感以及認知行爲模式。只有瞭解了自己，才有可能改變自己。

我們雖無法選擇自己的父母和性別，但可以學會透過母親看見自己，彼此連結從而療癒自我，實現更好的自我成長。

目錄

第二部分　如何擺脫母親對你的影響

第三部分　母性的力量

第一部分

你的母親如何影響了你

第一課
代際創傷：母女關係的愛與恨

母親是生命的孕育者，也是心靈的母體

一直以來，我對我的母親有著非常複雜的情感。我的成長經歷和許多女性一樣，既受到重男輕女觀念的影響，又深受我母親人格的影響。我的腦海裡有許多對她的回憶，如今她已經滿頭白髮，每每看著她，我內心依舊湧動著悲傷和愧疚的情緒。外出求學之後，我很少再和母親長時間生活在一起。如今，我依然忍受不了她喋喋不休的抱怨，以及永遠覺得我很好，而我的爸爸和弟弟都不好的想法。她的肯定雖然讓我自己感覺良好，但也迫使我努力成爲一個乖女

兒，這讓我不堪重負。

因爲受訓於精神分析，我知道我的母親心理發展水準不高。在我的記憶裡，我的外公很慈愛，但在母親小的時候，他常常暴打她，作爲長女的她也從來沒有受教育的機會。我對母親有著非常複雜的情感，我無法和她好好交流，我們就像兩個世界的人。但是，我知道我的內在和母親緊緊連結著。我愛她，又離她很遠，這有時候會讓我感到愧疚。

我想，與母親之間這種複雜和矛盾的愛恨情感，是許多女性都體會過的，而這些複雜的情感也會在女性和自己的孩子、丈夫甚至婆婆的關係中得到體現。

我的母親是一位淳樸的農村婦女。我在很多方面都和她不同，比如，她認同並遵從傳統文化觀念，哪怕是男尊女卑這樣的落後觀念；而我雖然戴著乖乖女的面具，但骨子裡很叛逆，且追求獨立。年輕的時候，我不怎麼喜歡我的母親，甚至有些瞧不上她，也許，這正是我不認同她的原因，這一點可以用心理學中的反向形成解釋。即使到了如今，我仍在反抗對待女性不公平的行爲，這甚至成爲我未來努力的方向。

雖然母親的心理發展水準不高，但她的情感很飽滿，她把所有好的情感都投射給了我，而把不好的情感都投射給了我的弟弟。這在重男輕女的環境裡是很反常的事情，所以村裡的人說我母親重女輕男。我的母親總認爲我的弟弟不好，這種觀念潛移默化地影響了我的弟弟，使他發展得很不理想，常常表現得暴躁和焦慮。我想，是我母親對我做出的好的、積極的回應，才讓我擁有了豐富的情感體驗能力。

這種情感體驗能力指的是理解、感受自己和他人情緒、情感的能力，這是非常重要的。於我而言，這決定了我能否理解我自己、我的孩子和我的來訪者。這樣飽滿的情感是我母親給予的，我對此心懷感恩。

近代依戀理論、客體關係和神經心理學研究都認爲「母親對孩子的人格具有決定性影響」。

母親不僅用身體孕育了我們的生命，還通過情感紐帶孕育了我們的內在心靈。

如果把我們的內在人格比喻成一棟房子，那麼，母親給予我們的愛就是房子的地基。高品質的養育能讓孩子擁有健康而成熟的人格，就像房子有堅實的地基，可以抵禦颱風、抗地震；而低品質的養育會讓孩子充滿不安全感，可能導致孩子一生都覺得自己很糟糕。沒有安全感的孩子就像一棟地基不牢固的房子，未來的很多情況，比如學業受挫、事業失敗、與戀人分手等，都可能令房子倒塌，也就是說，這個人面對挫折時更容易崩潰。

因此，高品質的養育對人的成長至關重要，而這在很大程度上取決於母親人格發展的成熟程度。

簡單來說就是，對有些家庭而言，母親的人格特質決定了養育孩子的品質，而養育品質爲孩子人格的發展奠定了基礎。

人格不成熟或有問題的母親，有的會和孩子共生而難以分離；有的會把孩子視作自我的一部分加以控制，把自己內在那些無法承受的東西投射給孩子；有的會在情緒崩潰時歇斯底里，甚至發洩情緒、毆打孩子；有的會嚴重忽視孩子，等等。這些養育方式都會給孩子的內心帶來可怕的災難，使孩子成年以後也難以有基本的安全感、信任感，或者無法與他人建立良好的親密關係，使他們常常做出軀體化的表達、發洩，造成身體上的各種疾病，等等。

而一個人格成熟的母親，會把孩子作爲獨立的個體來愛，會理解、回應和支援孩子內在的需要、欲望和各種情緒情感。

母親要讓孩子有足夠的安全感和信任感，待孩子長大之後，無論身處怎樣的困境，在轉身回頭的時候，都會發現身後有父母。電影《無問西東》中陳鵬對王佳敏說：「你別怕，我就是那個給你托底的人，我會跟你一起往下掉，不管你掉得有多深，我都會在下面給你托著。我什麼都不怕，就怕你掉的時候把我推開，不要我給你托著。」看電影的時候，這句「我就是那個給你托底的人」讓我淚流滿面。我知道回頭身後沒有人的感覺，也知道沒有人托的感覺。我想，生命中最早托住我們的是母親，之後還有父親，但是，並不是所有人都有人托，也許我們一生都在尋找能托住自己的人。

通過養育，母親成爲創傷的代際傳遞者母親是女性的一個重要身份，有時甚至成爲女性的主要身份，這個身份似乎承載著女性所有的人生價值和意義。不少人認爲，如果外在的權力和金錢是男性追求和想要征服的，那麼在家庭裡，擁有一個兒子就成爲很多女性的追求。特別是在過去，母親被認爲是女性最有價值的身份，當然，前提是母親能生兒子。這樣的觀念在一代又一代女性身上傳遞，即便現在的女性越來越獨立，這樣的觀念依然隱蔽地存在著。

有些女性曾經被不公平對待，被忽視、嫌棄甚至虐待。當這些傷痕累累的女性成為母親時，很容易給自己的孩子帶來代際創傷。可悲的是，這些苦難的經歷不僅沒有讓有些女性覺醒，去愛惜自己的女性身份，反而使其憎恨自己這一身份。在那些被母親忽視、嫌棄、利用和虐待的女孩身上，這一點暴露無遺。

一個有過創傷的母親，她的孩子也會經歷創傷，也就是我們說的代際創傷。當然，我也見過很多堅韌的女性，縱使自己過去經歷了許多苦難，仍非常努力地愛著自己的孩子，因為她們不想讓自己的孩子經歷自己經歷過的傷痛。

我首先要在這裡澄清的是：當我強調母親在養育中的重要性的時候，並不是說父親不重要。我秉持的觀點是，我們內在的人格是由綜合因素決定的，其中包括父母遺傳給我們的基因、父母的人格特質、父母的關係品質以及所處的社會背景，等等。比如，父母離婚或爭吵打鬧、父親在家庭裡缺席，都會給下一代帶來很大的影響。只是在本書裡，我想圍繞母親這個核心，透過和母親的關係來幫助你理解自己，療癒自我。如果你的主要養育者不是母親，那麼，那些養育你的親人，比如爺爺、奶奶、外公、外婆等，他們作為母親的替代者，也可以是你的主要依戀對象，這些人在養育中對你的影響同樣非常深遠。

我有一位女性朋友，她在家中排行老大，有六個妹妹（其中兩個被送人了），還有一個弟弟，排行最小。

當我這位朋友生第一個孩子時，我去醫院看望她，向她道喜，可她看上去非常陰鬱和悲傷。我本來是來道喜的，見到她之後卻笑不出來。她媽媽正在向大女婿道歉——因爲女兒生的是女孩。後來，這位朋友爲了生男孩，竟連續生了三個孩子。

我對此感到非常震驚。我無法理解爲什麼她和自己的媽媽一樣，如此執著於生男孩。

我之所以特別關注「母親」這個議題，是因爲無論在我自己身上，還是在我看到的、聽到的事例中，有太多的創傷通過養育在一代一代地傳遞。

俗話說「三歲看小，七歲看老」，這在心理學上也是有道理的。近代心理學和腦神經科學的研究發現，孩子的大腦主要是七歲以前在和媽媽及家庭成員的互動過程中不斷被刺激從而發展的。人的大腦功能在這個階段奠基。一個人七歲前大腦受到的刺激將影響他的一生。而這些刺激主要來自三歲之前的母嬰關係，以及之後孩子和父母的關係。依戀理論創始人約翰．鮑爾比和同事瑪麗．愛因斯沃斯（Mary Ainsworth）研究發現，人在三歲以前就形成了穩定的內在關係模式，並且這個模式很可能持續一生，而且會經由養育傳遞給下一代。

假如一個女孩在嬰幼兒時期缺乏照顧，總是一個人被關在屋子裡，那麼她就會體驗深刻而絕望的孤獨。她長大之後，很可能會害怕孤獨和被拋棄，總是需要抓住一個人，或投入繁忙的工作中，以此來逃避恐懼和孤獨。

如果一個女孩一歲的時候由外婆撫養，媽媽只是定期去看她，直到上幼稚園或小學的時候她才回到媽媽身邊，這樣會構成一個孩子不斷和媽媽分離的情境，會帶來一種不安全的依戀，孩子會產生分離創傷，長大後她可能會非常恐懼分離，往往會在各種關係中感到不安全，特別是在和伴侶的關係裡，她需要緊緊抓住伴侶。當她成爲媽媽後，就會無意識地讓孩子也經歷分離創傷。這樣的關係會不斷重複，構成一個「強迫性重複」。

如果一個女孩因爲身份被嫌棄、忽視，遭受很多不公平對待，那麼這個女孩成爲母親之後，就很有可能把對女孩身份的不接納投射到自己的女兒身上，從而無法去愛自己的女兒，使女兒也不認同自己的女性身份。

創傷會經由母親或主要養育者的養育方式被我們的身體和大腦所記憶，進而傳遞給下一代。

所幸，在成年後，人的大腦神經系統還是可以改變的。這意味著，無論早年經歷過什麼樣的創傷，我們都可以運用相應的方法重塑大腦回路。

母親作為女性，其實也是受害者

當我們說到母親沒有給予我們好的養育時，大多數情況是我們的母親也從未得到過好的養育。

我曾聽一個患有重度憂鬱症的女孩說，她小時候經常被母親暴打。後來我瞭解到，她的母親小時候因性別經常被奶奶虐待、暴打。我想，這個奶奶要經歷怎樣的創傷，要多麼憎恨自己的女性身份，才會這樣虐待自己的孫女？這是四代人的創傷。

我見過很多因爲憂鬱來諮商的青春期女孩，我經常因爲她們無法被理解、支持和回應而感到絕望，同時，我發現這些女孩的母親早年都經歷過嚴重的創傷。也有很多母親在生育孩子的時候，特別是她們生了女孩的時候，被嫌棄、忽視；有些母親得不到丈夫的幫助，幾乎獨自養育孩子。

這些創傷你的母親經歷過，現在你也許正在經歷著。

要想讓「強迫性重複」停止，終止上一代內在的痛苦和關係模式，我們就需要直視代際創傷。

剖析和母親的關係，是看見自己、療癒自己的重要方式。

每個孩子都渴望被自己的母親所愛。如果得不到這份愛，孩子也許會終身追尋。就如歌曲《默》中所唱的：「我被愛判處終身孤寂，不還手，不放手，筆下畫不完的圓，心間塡不滿的緣，是你，是你。」試問，有多少孩子沒有得到母愛，長大之後，終身都在從伴侶或者孩子身上找尋，想要滿足那個渴望，而這往往成爲親子關係裡出現悲劇的原因。

但母親和孩子之間並非只有愛。事實上，無論是孩子對母親的情感還是母親對孩子的情感，都有愛有恨，只有這樣的情感才是流動的、成熟的、完整的。

受一些傳統觀念的影響，我們在與母親的關係中常常心存愧疚，也恐懼被社會和家庭批判。即使對母親有所不滿，也往往恥於表達。於是很多人選擇隱藏自己的痛苦，內心飽受煎熬。但這樣的痛苦會通過與他人的親密關係和親子關係表現出來。如果不能好好處理對母親的憤怒和恨，我們和伴侶、上司或孩子的關係就很可能出現問題，進一步地，我們的身體也很可能將承載精神上的痛苦，從而引發各種各樣的病痛。

如果要自我救贖，我們就不得不面對早年和母親的關係，在愛與恨中找到自我。這是一條艱難的自我成長之路。

第二課

共生的母親：不放手的愛影響女兒一生

共生依賴及其特性

共生是一種母嬰關係，即嬰幼兒對媽媽全然的依戀。沒有媽媽或像母親一般的撫養者，嬰兒就活不下去。共生會帶來一種融合的感覺：你中有我，我中有你，彼此沒有心理邊界。

對嬰兒來說，這是一種很美好的感覺，也是他們身體生存和心理發展的必要條件。

嬰幼兒和媽媽的共生是健康的，但如果媽媽很依賴孩子，把孩子作爲自己生命的全部，那麼，媽媽在心理上就和孩子建立了一種「共生幻想」的心理契約。本著契約精神，孩子也需要把媽媽當成自己生命的全部——這就是「共生依賴」的關係。

共生依賴是媽媽對孩子共生式的依戀，也是成年子女對媽媽嬰兒式的依戀。通常前者是因，後者是果，兩者常常共存。

共生依賴的特性是關係的排他性。

就像一些吸引女性的暖男，他很可能還是一個「沒有斷奶的男孩」，與自己的母親還處於共生依賴關係。如果女孩嫁給他之後和婆婆一起住，那婆媳之間很可能產生巨大的衝突。因爲婆婆通常認爲自己和兒子的關係才是家庭的核心，自己對兒子及與兒子有關的一切（包括妻子、孩子）都有無上的權力。和兒子共生的媽媽是不會允許自己的兒子愛其他女性的。

孩子在共生依賴關係中的核心體驗是窒息感、內疚感、羞恥感，還有無法意識到的憤怒和忠誠。

隨著孩子的長大，媽媽爲了和孩子保持共生關係，很可能會通過各種愛的方式控制孩子，包括控制孩子的所有決定，比如穿什麼衣服，學什麼專業，和誰結婚，在哪個城市生活，等等；或者通過持續要求、糾正、批評和批判孩子，讓孩子常常覺得自己不好。這些都會讓孩子失去自我。而讓控制得以生效的辦法，就是母親不遺餘力地告訴孩子，自己做的一切都是爲了孩子，這會導致孩子產生深深的內疚感。在媽媽控制性的愛裡，孩子在成長過程中需要滿足媽媽的需要，而無法表達自己的需要和情緒，以至於他們長大之後也常常無法表達不滿和憤怒。和母親的共生關係會導致孩子喪失自我，感受不到生命的意義，從而陷入深深的無價值感，這是羞恥感的根源。若孩子在愛的名義下被控制，這個孩子只能一生忠誠於母親，並將憤怒深深埋在心裡。

很多時候，在婆媳發生衝突時，丈夫會忠誠於母親。那些對母親無法表達的憤怒，通過投射，便由妻子表達了。妻子作爲「不孝順」的惡人，常常會被批判、被孤立。如果婆婆和兒子共生，婆婆則會不惜一切代價去戰鬥，因此導致兒子婚姻破裂的不在少數。兒子爲了母親放棄婚姻、放棄妻子，這是世界上「最忠誠」的愛，也是傷人傷己的愛。

人的一生必須在和母親、父親以及家庭的分離中得以成長、成熟。如瑪格麗特．S．馬勒（Margaret S. Mahler）提出的分離個體化所說，有分離才有自我，才有個體存在的感覺，才是真正意義上的有價值地活著。從和父母的關係中分離，是一個人向獨立和成熟發展的必經之路。而共生依賴會讓孩子對「依賴」與「獨立」的理解產生嚴重混淆。

《神隱少女》是我非常喜歡的一部電影。影片裡的巨嬰「坊寶寶」就是嚴重混淆「依賴」與「獨立」的典型代表。湯婆婆對他的愛，就像那個堆滿玩具的嬰兒房，將他的心靈禁錮了。他成了一個永遠無法長大的巨嬰寶寶，被困在愛的牢籠裡，感到非常憤怒。直到千尋帶著他經歷了一段冒險的旅程，坊寶寶才擺脫了湯婆婆控制性的愛，有了自己獨立的意識和思考，並且因此感覺到快樂。

共生依賴導致共生絞殺

如果媽媽覺得孩子是自己的一切，那麼，媽媽很難隨著孩子的成長逐步放手。這會形成不健康的共生依賴關係。

電影《黑天鵝》中，主人公妮娜和媽媽就是這樣一種病態的共生依賴關係。妮娜和媽媽相依爲命，媽媽把她視爲生命中的一切，並把她當作嬰兒一樣照顧和控制，比如幫女兒剪指甲、檢查身體、不允許她有私生活、不允許她關房間門，等等。

妮娜的媽媽將妮娜視爲自我的一個部分，通過對她無微不至的照顧控制她的思想和精神。妮娜的任何抗議都會讓脆弱的媽媽崩潰，她的自主和獨立被媽媽視爲拋棄和背叛。最終，妮娜的內在自我分裂爲兩個形象：一個像白天鵝，是順從媽媽的乖乖女；一個像黑天鵝，是充滿欲望、攻擊性和毀滅性的自我。

有共生依賴，就有共生絞殺。共生絞殺的母女關係，導致女兒無法活出自我。

就像電影裡妮娜的媽媽，用不放手的愛和控制扼殺了妮娜的自我，讓她成爲媽媽的精神傀儡。最終，妮娜只能通過絞殺自己，以生命爲代價，用死亡的方式和媽媽徹底分離，活出自我。現實版的「黑天鵝」並不罕見。絞殺自己的方式還包括患上一些精神疾病，比如飲食障礙症、憂鬱症、焦慮症等。

共生依賴既絞殺了媽媽的夫妻關係，也絞殺了孩子的親密關係。

如果夫妻關係好，基本不會發生媽媽和孩子共生的情況。媽媽和爸爸愛的連結，讓孩子可以既愛媽媽，又愛爸爸，同時也接受爸爸媽媽之間的愛。對孩子而言，這就是一種三元關係。關係裡形成的三角空間是自我成長所需要的。

而共生是一種二元的關係，在這樣的關係裡，沒有空間可以容下第三者。這意味著媽媽和孩子的二元連結容不下爸爸，也融不下孩子的伴侶。

如果一個媽媽和伴侶的關係不好，她通常就會聯合孩子來共同對抗自己的伴侶。比如，媽媽會持續地和女兒抱怨：你爸爸是一個無能、自私又不負責任的人。孩子都需要依戀父母，特別是依戀媽媽得以生存，因此，出於生存的需要，女兒會在衝突和痛苦中認同媽媽，憎恨爸爸。這會導致女兒無法和男性發展成熟的親密關係，因爲那些「恨爸爸」的部分會被投射到男性或者伴侶身上，導致他們之間親密關係的破裂。

媽媽和女兒產生共生關係的原因

爲什麼媽媽會和孩子產生共生關係呢？

諸多臨床經驗顯示，需要和孩子共生的媽媽在早期都有嚴重的創傷性經歷。通常情況下，越早期的創傷帶來的傷害越嚴重。

我們這代人的媽媽多數是在二十世紀四十至七十年代出生的，她們經歷了很多來自社會和家庭的創傷，比如在家庭裡被忽視與虐待、遭遇重男輕女這類落後觀念帶來的不公平對待等。這些經歷都導致她們有比較嚴重的創傷，這些未解決的創傷會通過養育傳遞給下一代。

在心理學研究裡，共生依賴主要是由生命早期的創傷造成的，即在嬰幼兒時期，孩子無法獲得和媽媽穩固的情感連結。

有的媽媽早年被自己的媽媽忽視、虐待或拋棄，因此她們需要找一個人滿足自己對理想父母的期待，即一種無條件的愛，以彌補缺失的愛。愛的匱乏使一個人對愛的期待變得非常理想化，這也必然導致理想化期待的破滅。因爲在成年人的世界裡，沒有一個伴侶能給予對方無條件的愛。所以，當伴侶沒有滿足自己的期許時，媽媽就會想起自己不理想的父母，於是便會憎恨伴侶。

有一位媽媽想通過諮商挽救自己的女兒。她的女兒大學畢業後好像變了一個人，曾經的乖乖女變得脾氣暴躁，時常對她大吼大叫，被診斷爲憂鬱症。這位媽媽非常傷心，她在女兒一歲的時候，因爲對丈夫失望而離婚。她覺得自己為孩子犧牲了很多，比如自己事事以女兒為重，不惜一切代價辛苦栽培她；自己找的男朋友也因為女兒不喜歡而分手。她一直和女兒睡在一張床上，沒有興趣愛好，沒有好朋友，女兒就是她的一切。

諮商剛開始時，她對女兒過度的依賴和控制讓我內心感到憤怒，我更加同情她的女兒。隨著諮商的進一步發展，我逐漸瞭解到她令人悲傷的經歷。在她一歲的時候，她的媽媽因為受不了家暴自殺了。爸爸後來再婚，並且又生了幾個孩子。繼母經常打罵她，要求她做很多家務。這些創傷性經歷讓她的內在情感體驗到的都是悲苦，她不知道如何與另一個人產生情感連結，這導致她無法經營好親密關係，也無法理解和回應孩子的情緒情感。她從來沒有得到過愛，又如何懂得去愛呢？

因此，她對丈夫的期待破滅之後，就把所有的情感都投注到女兒身上，這就和女兒形成了共生依賴的關係。她試圖以此修復自己心靈的創傷，彌補缺失的愛。

孩子需要依賴媽媽生理的照顧，因而會對媽媽產生情感的依戀，為了生存，孩子會犧牲自己的一切去滿足和回應媽媽。這是一種「反哺」的養育關係。我見過很多來訪者，她們一生都在給媽媽提供支援和愛。媽媽生命中缺失的愛需要女兒的養育來彌補，這時媽媽就變成了孩子。

就如上面介紹的那位媽媽的女兒，她在很長的時間裡都對媽媽百依百順，迎合討好媽媽，努力成爲媽媽心目中優秀的女兒，好滿足媽媽對自我價値和愛的渴望。但最終，隨著女兒進入成人世界，共生絞殺就開始了。

對孩子而言，要打破共生關係非常困難，因爲孩子心理上的獨立會激發媽媽的創傷體驗，媽媽會覺得自己被孩子拋棄了，早年被拋棄以及不被愛的體驗就全部湧上來，這常常會讓媽媽崩潰，陷入無法控制的恐慌之中。因此，爲了不讓這些創傷的體驗湧出，媽媽會尋找一切力量阻止孩子獨立，因爲她無法承受孩子獨立帶來的創傷體驗，比如被拋棄帶來的絕望感、恐慌感、生命的無意義感等。創傷越大，越難以承受。

通常情況下，從出生到三歲，人會經歷兩個重要的過程，一是母嬰之間建立安全的情感連結，二是孩子與父母心理上的分離。我們需要朝著心理分離的方向前進，因爲這是走向人格獨立和心靈自由的道路。

心理學有句名言：「世界上最偉大的愛，是能放手的愛。」而我想說：「母愛之所以偉大，是因爲愛孩子，還能放手讓孩子飛。」

第三課

消失的母親：害怕被拋棄的原因

分離創傷的形成

依戀理論認爲，嬰兒期的「安全感」對我們整個人生的發展都有著重要影響。孩子的安全感主要通過媽媽穩定而敏感的回應獲得，在這種情況下，孩子會對媽媽慢慢形成安全型依戀。

如果媽媽總是長時間或反覆和孩子分開，那麼，孩子的依戀關係就會中斷。短暫中斷的依戀關係如果被及時修復，影響也不大，但是，情感連結長時間中斷，修復起來就很困難。對於身心都依賴養育者的孩子來說，這樣的中斷常常是災難性的。這會導致孩子無法建立最基本的安全感和信任感。而早期的創傷性分離會嚴重損害孩子的安全感，導致他們一生都害怕被拋棄。

嬰幼兒及兒童大腦的神經系統還不成熟，認知發展不足，這導致他們情感脆弱、對現實的認識不夠。比如，媽媽要出差三天，成年人因爲有時間概念，所以能通過對時間的感知獲得對未來的預期，獲得一種確認感，從而緩解分離的焦慮。而嬰兒是沒有時間概念的，他們的大腦無法理解「媽媽三天就會回家」這樣的事情。所以，他們會因爲與媽媽的分離而感到巨大的焦慮、無助和恐懼。

分離既是必需的，也是必然的，因爲自我的獨立需要通過與媽媽的心理分離來達成。

成長性的分離發生在孩子身心都準備好的情況下。比如，三歲的小朋友上幼稚園，因爲分離焦慮而哭鬧，在媽媽的安撫和鼓勵下，孩子會慢慢適應這種分離。這樣的分離是健康的，是成長需要的。

而創傷性分離是指孩子在沒有準備好的情況下，被迫與媽媽分離，這會導致一系列身心不良的體驗。所以一歲多的孩子上托嬰中心可能是災難性的體驗。媽媽和孩子分離有幾種情況。第一種情況：很多媽媽不瞭解，分離給孩子造成的傷害足以影響孩子的一生。

有過分離創傷的媽媽會自動隔離分離的情景和體驗，這是媽媽應對分離的創傷性反應，媽媽會無意識地忽略自己和孩子分離的痛苦。因此，把孩子送到爺爺奶奶或保姆家撫養，或在幼兒園、小學就讓孩子上全托班等，這些經歷都給孩子帶來巨大的壓力和痛苦。

當然，我理解其中有很多現實的無奈，但是，如果媽媽能充分體驗分離的痛苦，也許就能看見孩子因爲分離而痛苦的內心，也許會更願意克服現實的困難。

我的一個來訪者，在她八個月大的時候，媽媽把她和一個遠房親戚的孩子交換撫養。她在親戚家裡不吃不喝好幾天，哭得歇斯底里。長大之後，她的媽媽繪聲繪色地給她講述這些情況，完全意識不到這樣的分離會給自己的女兒帶來怎樣的痛苦和絕望。

第二種情況：家裡想要男孩而把女兒送到別人家撫養，甚至丟棄。

這個原因在過去具有一定的普遍性。重男輕女的落後觀念常常讓作爲女性的媽媽飽受不公平對待。這導致她們對自己的女性身份不認同，進而排斥女兒。

過去，在落後觀念的影響下，生兒子幾乎是當時女性作爲母親身份地位的象徵，也是女性價値得到認可的途徑。我出生在二十世紀七十年代末，在那個年代，特別是在農村，對於很多女性來說，生不出兒子是一件很羞恥的事情。一些村民會歧視她，公婆和丈夫也會責晰她。

第三種情況：父母因生活所迫而離開家，孩子成爲留守兒童；或者父母離婚導致孩子被迫和父母或其中一方分開，這些都會給孩子帶來嚴重的分離創傷。

一些留守兒童的悲劇讓我深感悲痛。那些父母離異的孩子也有著複雜的情緒：既要承載父母婚姻破裂的痛苦，也要承受對分離的恐懼有時候，孩子還會被父母當作「戰爭」的工具，往往需要忠誠於某一方，憎恨另一方。這讓孩子面對分離時更加痛苦。

分離創傷的影響因素

那麼，分離的創傷到底對我們的人生有什麼影響呢？首先，我們來看看創傷的嚴重程度。

創傷的嚴重程度主要取決於兩個因素。其一是創傷的年齡段。越小的孩子受到的創傷越大，因爲越小的孩子對媽媽的依戀程度越高，大腦也處在更脆弱的階段。其二是離開媽媽之後，孩子可獲得的依戀品質，即孩子將獲得怎樣的照顧。

比如，同樣被送到奶奶家撫養，五歲的孩子就比一歲的孩子受到的創傷要小。同時，孩子離開了媽媽，奶奶作爲主要撫養者，提供的養育品質至關重要。如果奶奶能充滿愛意地回應孩子，就可以緩解孩子失去媽媽的痛苦，並使之形成對奶奶的依戀。如果奶奶不能很好地回應孩子，孩子就會面臨雙重創傷：一方面是無法處理心理上的「喪失」，即失去媽媽的痛苦；另一方面是無法建立新的依戀關係。這樣的創傷是非常可怕的，有的孩子會絕望地不吃不喝，歇斯底里地哭——無法哀悼喪失是導致憂鬱的核心因素。

哀悼的能力也是自小通過與養育者的安全依戀而形成的。如果分離的經歷讓孩子無法哀悼喪失，在長大之後，面對分離的時候，他們依然無法哀悼喪失，難以承受強烈的恐慌感，從而容易陷入憂鬱。

創傷性分離會讓孩子感覺被媽媽拋棄，隨之產生淹沒性的恐懼、焦慮和無助感。

我見過很多女性，因爲和伴侶分手而產生嚴重的憂鬱、恐慌，不得不前來諮商。這些女性基本都有創傷性的分離經歷，和伴侶分手或伴侶出軌都會喚醒她們被拋棄的感覺。

有個女孩早年被父母送到奶奶家撫養直到國中。因爲她是女孩，爺爺奶奶不喜歡她，甚至會虐待她。父母每年去看她幾次。每次和父母分離，她都感到巨大的絕望。直到長大後她學會了偽裝，裝作一切都不在乎。在一次戀愛之後，她提出分手，結果因重度憂鬱而住院治療。她不明白，爲什麼離開一個自己不愛的人會如此絕望和恐慌。她意識中的自我和體驗中的自我分裂了，在意識層面，她不覺得自己愛對方，而在感受層面，她感到巨大的恐慌，這就是創傷體驗被喚醒了。

恐懼和焦慮常常被體驗成恐慌感。我年輕的時候經常被分離帶來的恐慌感淹沒，於是常常在親密關係裡委曲求全，也因此看不起自己。那時候的我並不知道，這些是早年和媽媽分離帶來的創傷性體驗。直到我找老師做了幾年諮商之後，才開始哀悼我失去的母愛，理解並容納、加工這些體驗，不再被恐慌感所控制。

早年的創傷性分離會讓孩子形成「他一定會拋棄我」的核心信念，同時也會形成「我是不好的」或「我是不值得被愛的」這樣的自我感覺。

這些信念和自我感覺通常會在親密關係或親子關係中重演，這就是強迫性重複。

在親密關係中，當一個人感到不安全時，就會萌生「他一定會拋棄我」的想法。爲了避免被拋棄帶來的恐慌和無助感，他們通常會主動提出分手或離婚，這樣的控制感常常讓一個人短暫地覺得自己有了力量，以迴避被拋棄帶來的強烈恐慌感或者幾乎要崩潰的感覺。在這種方式背後，其實他們內心眞正渴望的是對方能帶著愛意回到自己身邊。提出分手或離婚只是一個假象，因爲當對方眞的同意分手或離婚時，他們內心恐懼被拋棄的假想就被驗證了，自己就會像上述事例中的女孩一樣，被恐慌和無助感吞沒而完全崩潰。

這時，唯一的解決方案就是「重新修復和對方的關係」。只要重新連結和對方的關係，這些可怕的感覺就會得到極大的緩解，哪怕是委曲求全也在所不惜。但是，重新連結的關係是以自尊爲代價的，這又讓人感覺卑微。

在親子關係中，很多媽媽會因爲恐懼被孩子拋棄而控制孩子，比較典型的就是對孩子產生共生依賴的媽媽。

分離創傷導致人一生都在尋找理想的媽媽。有分離創傷的女性會把對理想媽媽的渴望投射到伴侶身上，希望伴侶對自己不離不棄，照顧、疼愛自己。她們對分離非常敏感，特別害怕預期之外的分離，會沒有理由地擔憂伴侶出軌，甚至連伴侶突然出差都會喚醒她們被拋棄的恐慌。她們通常試圖通過不斷升級的控制和責備來緩解恐慌和無助感，但這樣最終只會導致親密關係的破裂——這是被拋棄的強迫性重複。

分離創傷的代際傳遞方式

那麼，分離創傷是怎樣在母親和孩子之間傳遞的呢？

通常，有分離創傷的媽媽通過控制孩子，讓孩子和自己產生共生依賴的關係，以此避免自己產生被拋棄的恐懼。

在共生依賴關係裡，孩子的獨立對媽媽來說就是拋棄。因此媽媽會潛意識地不讓孩子獨立。她把孩子當成生命的核心，讓孩子覺得不能背叛她，無法離開她，並對分離有莫名的恐懼和愧疚。

還有一些媽媽會通過拒絕、威脅孩子的方式，讓孩子恐懼被拋棄。

有的媽媽會在孩子不聽話，有情緒的時候，用「你再……我就不要你了」的表達來威脅孩子；或者把孩子丟到家門口、路邊，以假意拋棄的方式來懲罰和威脅孩子；或者通過冷暴力的方式來懲罰孩子。冷暴力意味著把孩子從心裡驅趕出去，也是一種潛在的心理拋棄，這樣的方式對孩子的傷害非常大。因爲孩子會感到自己在媽媽心裡完全不存在。長時間不理會孩子，對孩子而言是非常痛苦的體驗。在這些威脅下，所有的孩子都會因爲恐懼被拋棄而妥協，最終放棄自我，並且常常覺得自己不好，沒有人愛，這是一種代際創傷傳遞。

儘管媽媽的早期分離創傷會通過養育方式傳遞給下一代，但這並不是媽媽一個人的問題。養育孩子是父母的責任，爸爸需要穩定地支援媽媽，這是療癒媽媽的分離創傷、終止代際創傷傳遞最好的方式之一。很多代際分離創傷其實是在無意識中形成的，媽媽並沒有意識到自己的行爲給孩子帶來了分離創傷。如果媽媽能夠意識到自己的哪些行爲會給孩子造成分離創傷，在很多時候就可以有意識地迴避這樣的傷害。

第四課

自戀型母親：享受「不完美」

自戀及自戀型人格

心理學研究發現，很多愛控制孩子的媽媽都有自戀型人格，我們姑且稱之為自戀型媽媽。

「自戀」一詞來源於希臘神話中納西索斯（Narcissus）的故事。納西斯愛上了自己水中的倒影，最終注視著自己的影子憔悴而死，變成了一朵花，後人稱之為水仙花。在心理學裡，「自戀」是一個中性詞。自戀的核心是自尊，根據自尊水準，我們可以將自戀分成健康自戀和不健康自戀。

健康自戀指一個人相信自己是有價值的、可愛的、值得被愛的。他人的評價不會影響他的自我感覺。健康自戀的人，能區分想像與現實的差別，能接受自己和他人的差異，能眞正做自己。

不健康自戀是指一種嬰兒式的全能自戀，即通常說的不自信。這樣的人認爲自己是沒有價值的、不可愛的和不值得被愛的。他們需要通過別人的評價來證明自己，同時又以自我爲中心。他們很多時候會把主觀想像當成現實，外在表現爲認爲自己無所不能、事事追求完美。如果一個人不健康自戀的程度較深，就會形成自戀型人格。

比如，當自己的觀點和他人的觀點不同的時候，健康自戀的人既能堅持自己的觀點，又能對別人的不同觀點持開放態度。當他人指出自己的觀點不對的時候，他會反思自己的觀點是否眞的不夠好，而且，在反思及與他人交流的過程中不會帶有情緒。

而不健康自戀的人無法容忍他人的觀點、意見與自己不同，不同和差異對他們來說意味著否定自己。所以，這樣的人常常會無端指責他人，認爲一切都是他人的錯，通過這樣的投射來掩飾自己內心覺得自己不好的感覺。不健康自戀的人常常把一件事的好壞或者一個觀點的對錯與整個人的好壞或者對錯掛鉤。如果這樣的情況比較嚴重，就會形成自戀型人格。他們也可能因爲感知自己的不好、無法忍受羞恥感而暴怒，心理學稱之爲自戀性暴怒。

自戀型人格是指個體需要不斷從外部獲得認可來維持自尊。

自戀型媽媽的養育特徵

自戀型媽媽養育的核心方式是，通過控制孩子來彌補自己缺失的愛和價值感。

自戀型媽媽控制孩子的方式通常是道德綁架。首先，她們會告訴孩子：「我做的一切都是爲了你。」其次，她們會威脅孩子：「如果你不聽話，我就不要你了。」被媽媽拋棄是孩子最恐懼的事情之一，所以，這樣的威脅通常都是有效的。

自戀型媽媽想知道和控制孩子的一切，包括內在和外在的。來訪者小梅（化名）因爲和媽媽相處十分痛苦而前來諮商。小梅的媽媽是一位典型的自戀型媽媽，一直以愛的名義控制著小梅的學業、婚姻和日常生活。小梅結婚生子後，她的媽媽依然會打探她的一切，比如收入情況、消費情況、日常去哪裡，甚至晚上要不要回家吃飯，等等。如果小梅反抗，媽媽不是「一哭二鬧三上吊」，就是冷戰，直到小梅順從認錯。在這種情況下，小梅不得不學會調整自己的情緒、壓抑自己的需要，以此來滿足媽媽的渴望和幻想。

自戀型媽媽內心深處覺得自己是沒有價值的，所以，她們一方面追求完美，對孩子高期待、高標準，另一方面又不斷貶低孩子，以此證明自己是對的。

小梅的媽媽除了控制小梅，還對許多事情有著非常高的要求。比如家裡的衛生、生活習慣、學習成績等。小梅做任何事情，她都要指導一番。比如，在養育孩子的問題上，小梅的媽媽不斷提出指導或者批評意見，她覺得自己永遠都是對的，而小梅是錯的或是無知的。

小梅總能感到，無論她做什麼或不做什麼，都一定會受到媽媽的「指導」或批評。

有的媽媽貶低孩子的方式很隱晦。有一位媽媽因爲對女兒的成績感到焦慮而來找我。她莫名地擔心女兒成績會不好，因此，她爲上小學一年級的女兒報了六個學習班。事實上，這位媽媽是因爲自戀而投射出女兒會學不好，所以才通過不斷地給女兒報學習班來緩解自己的焦慮，這背後隱含著對女兒的高要求和對女兒能力的貶低。

自戀型媽媽內心只有自己，沒有他人。這樣以自我爲中心導致她們無法理解孩子的感受、渴望，更談不上與孩子共情。

就像小梅媽媽，以自我爲中心，她的世界裡只有自己的需要、感受和標準。一直以來，小梅都是乖乖女，但在一次媽媽威脅要自殺的時候，小梅直接衝向陽臺，想要跳下去，幸好被爸爸抱住了。事後，媽媽罵小梅：「你太自私了，根本不考慮我的死活。」可以看出，即使小梅想要結束自己的生命，媽媽考慮的還是自己的感受。因此，在自戀型媽媽心裡，只有她自己的感受，沒有別人的感受。

自戀型媽媽爲了滿足自己的需要，還可能把女兒當成朋友，渴望女兒理解她，但沒有基本的心理邊界。

有的媽媽總是向女兒傾吐對丈夫或婆婆的不滿，希望得到女兒的理解和認可。而女兒會因此承受巨大的痛苦：認同媽媽，意味著背叛爸爸；不認同媽媽，則可能在情感上被媽媽拋棄。小梅的媽媽就經常抱怨小梅的爸爸是「窩囊廢」。出於對媽媽的認同，小梅也經常貶低自己的丈夫。

自戀型媽媽的形成

那麼，自戀型媽媽是怎麼形成的呢？

一個最主要的原因是其早期成長中母愛的喪失。

澳大利亞心理學家賽明頓（Symington）認爲產生自戀型人格的根源在於：生命之初與養育者的基本親情被剝奪以及成長過程中情感交流長期缺失。這些會使人心如死灰，情感缺乏活力。在早期和媽媽的關係裡，如果長期受到忽視、批評或虐待，人會感覺沒有自我價值，認爲自己不值得被愛。從生理角度來看，不被愛的孩子缺乏和母親（養育者）的情感連結，大腦鏡像神經元的發育會受到影響，而鏡像神經元是一個人理解或者感受另一個人情緒情感的能力以及背後動因的生理基礎。因此，具有自戀型人格的人不能很好地與他人共情，無法換位思考。

小梅的媽媽有五個兄弟姐妹。因爲是長女，她需要照顧弟弟妹妹。上小學期間，她經常需要背著妹妹上課，有時候被妹妹尿在身上，她就不敢去上學了。小梅的外公、外婆非常重男輕女，覺得女孩子讀書沒有用，於是小梅的媽媽小學畢業後就不再讀書了，家務和照顧弟妹基本都由她負責。

小梅的媽媽被忽視和被不公平對待的創傷性經歷，使她無法建立愛的連結，讓她感覺自己不好、不值得被愛。爲了證明自己的價值，打破自己不好、不被愛的內在「魔咒」，她覺得自己事事都要比別人強才行，還想通過小梅爭一口氣。小梅的媽媽對娘家特別好，似乎這樣就可以證明自己是好的、是值得被愛的。同時，她把自己不好的部分投射給了丈夫，覺得丈夫無能，把對媽媽的恨意投射給了婆婆，覺得婆婆非常偏心。小梅媽媽的創傷性經歷讓她成爲具有自戀型人格特質的人，因而無法成爲「好媽媽」。

自戀型媽媽的養育方式對女兒的影響

自戀型媽媽的養育方式會讓孩子覺得自己是不好的、是沒有價值的、是不值得被愛的。因此孩子會形成虛假的自我，即英國心理學家溫尼科特所說的「假自體」。並且，孩子長大後會以迎合討好的方式和他人建立關係——這是一種代際創傷的傳遞。

溫尼科特在他的理論中提出了「眞自體」和「假自體」的概念。通俗地說，眞自體就是成爲眞實的自己。媽媽通過理解和回應孩子的渴望、需要，使孩子內在的眞實自我得以發展。而假自體是迎合討好他人的人格基礎。這樣的人就像裝了雷達，對他人的需要非常敏感，只有讓他人滿意，自己才能安心，其核心是害怕自己不好，恐懼被拋棄。

自戀型媽媽的自我中心導致她們無法理解孩子的感受和想法。而且，這樣的母親只有在孩子回應了自己的需要時，才會去愛孩子。她們給孩子的是一種有條件的愛。這樣一來，爲了生存，孩子就形成了順從和回應媽媽需要的模式。這會導致孩子低價値感，且逐漸無法區分眞摯的感情和取悅他人。慢慢地，孩子就形成了假自體。

擁有假自體的孩子，在很多時候屬於「別人家的孩子」，被別人稱讚乖巧、懂事。但在人際關係中，因爲太害怕別人認爲自己不好，他們總是試圖討好他人。比如，看到一個朋友對自己不熱情，他們就會惶恐不安；看到朋友圈沒有人點讚，他們就會感到失落，隱約覺得自己不好。

擁有假自體的孩子內心思想本質是自己覺得自己不好，並且常常把這種感覺投射到外界，認爲是外界的人覺得自己不好，對此誠惶誠恐。

另外，自戀型媽媽都是顯性或隱性的完美主義者，對女兒高期待、高要求。這會導致女兒也執著於追求成功，但內心情感匱乏。

我的一位朋友曉峰（化名）彷彿活在一個永無止境的競爭裡，永遠都在「追求成功」。無論讀書成績還是工作收入，任何成功都只能讓她獲得短暫的滿足感。這種競爭的焦慮讓她陷入了憂鬱症和拖延症。她回憶起自己的媽媽總是拿自己和其他孩子比，只有在取得年級前幾名的時候，她才會短暫地成爲媽媽眼中的驕傲。

因此，曉峰特別恐懼失敗，因爲失敗意味著失去媽媽的愛。曉峰深深地感到「不優秀不配活著」。這樣的曉峰，本質上是她的媽媽自我的延伸，她的優秀和成功都是媽媽自我價值感的來源。

這樣的孩子常常爲媽媽而活，無法成爲自己。

最後，我想和大家分享一個故事。二〇〇九年我參加茲維卡老師的舞動治療，他給我講過一個他自己的故事。在我成爲媽媽之後，這個故事也一直指導著我。

茲維卡老師的女婿去世不久，他的外孫去找他，並憂心忡忡地問他該如何照顧媽媽，以後的生活該怎麼辦。他的外孫以前是一個無憂無慮的孩子，經過這件事，他好像突然間長大了，開始思考成年人該考慮的事情。茲維卡老師對他的外孫說：「你不用擔心，還有外公，你只需要做孩子該做的事情，該玩就玩，該學習就學習。」

我聽了很受觸動。我自己就是一個乖孩子，就是所謂的「別人家的孩子」。我知道，在我的成長過程中，我從來都不能自在地成爲一個孩子，我也深深理解其中的痛苦。在此，我想說：願孩子都有孩子該有的樣子！

第五課

無回應的母親：我們都渴望被看見

愛的渴望

無論成年人還是孩子，都渴望愛，愛讓生命得以續存，讓人生有意義。不知道大家是否好奇，一個孩子爲了博得父母愛的回應，到底願意付出怎樣的代價？電影《被嫌棄的松子的一生》很好地詮釋了這一點。

媽媽在主人公松子的生活中是缺席的，母愛的缺失讓松子不斷尋求爸爸的愛。可惜松子唯一愛的客體——她的爸爸，對此並無回應。她的爸爸只對癱瘓在床的妹妹關愛有加，對松子從來都是非常嚴肅且面無表情的。無論松子如何努力，都得不到爸爸「愛的回應」，這導致她一生都渴望得到來自他人「愛的回應」。

雖然松子渴望愛，但是，她愛的對象都不愛她。所以，她總是活在卑微的親密關係裡，即使被虐待、被利用，她也都只是忍受。

因爲她把得到爸爸的愛的渴望，放在了每一位和自己建立關係的男性身上。遺憾的是，她一開始就選錯了人，導致了悲劇的一生。

艾里希．弗洛姆（Erich Fromm）在《愛的藝術》中寫道：「如果一個人能富有成效地去愛別人，她也會愛她自己；如果一個人只愛別人，她就根本沒有愛的能力。」

影片中的松子一生只愛他人而不愛自己。影片中有這樣一句令人痛心的臺詞：「生而爲人，我很抱歉！」這就是松子內心的寫照。很難想像，一個人到底要卑微和絕望到什麼程度，才會讓自己生出這樣的體驗！

愛的起源：媽媽和孩子的情感連結

愛的起源是媽媽對孩子的愛，這樣的愛是一種原始的母性之愛。我的第一個孩子是女孩。十幾年過去了，我仍然清晰地記得，她剛剛出生時，醫生把她抱到我胸前，我看著她通紅的小臉，初爲人母的我熱淚盈眶，這樣的反應完全出乎我的意料。我在心裡默默對自己說：我要一生好好守護她、愛她，我的小天使。我想這就是原初的母愛吧。

我相信，女性都擁有原初的母愛，天然地會愛自己的孩子。而在生理上，孩子對媽媽的依戀，是作爲「基因編碼」而得以遺傳的。孩子天生有依戀媽媽的動力，而媽媽也有回應孩子的能力。從進化角度講，這是人類得以生存的重要基礎。但是，有的母親卻斬斷了這種原初的母愛，變得冷漠甚至殘忍，對自己孩子的渴望和痛苦無動於衷。

我們常說：看見即是愛。這裡「看見」意味著能理解對方的需要，能體驗對方的情感，而「看見」之後做出的回應則是情感的連結。

無法看見自己孩子的渴望和痛苦的媽媽，同樣對自己內在的孩子也是殘酷的。

我有一個非常聰慧的女性來訪者，她擁有很好的心理學頭腦，也能快速地學習和改變。她的事業很成功。但是，每當說起她的女兒，她只是關心女兒能不能讀好的學校、報好的學習班。她將女兒的一切都交給先生和婆婆，她無法和女兒有任何情感連結，雖然她很確定自己很愛女兒。她感知自己的心裡沒有任何人，包括她自己。對於女兒對她的思念、依戀，她常常無動於衷。出差的時候，她只有刻意去想才會記起女兒。思念是什麼滋味，她不知道。

她看不見女兒的情感和需要，女兒不在她心裡，她無法和女兒產生情感連結。

這一切都源於她自己從來沒有得到過愛，從來沒有被自己的媽媽放在心裡愛過。

一個來訪者給我描述過那種從來沒有被愛過的荒蕪的感覺，她說自己就像沼澤地裡一棵脆弱的小樹，或者一片孤單的浮萍。還有一個來訪者的意象讓我潸然淚下：一個破碎的孩子孤獨地漂浮在一片寂靜的濃霧籠罩的湖面上。我只能通過這些意象去感知那種荒蕪和孤寂。

情感連結是孩子發展健康和成熟的自我的核心紐帶，這取決於兩個重要因素，其一是連結的穩定性，其二是連結的品質。

情感連結的穩定性強意味著和孩子沒有創傷性的分離（這樣的分離會造成情感連結斷裂而難以修復）。情感連結的品質高是指在養育關係裡，養育者能看見並且回應孩子的情感需要和欲望。如果看不見，就談不上回應。

有的人會有這樣一種錯覺，認爲自己是被「散養」長大的。而在深入溝通之後會發現，其實她們是在被忽視中長大的，她們和媽媽之間無法建立有品質的情感連結。「被忽視的早期經歷」是我們最容易低估的，這種經歷有的時候甚至比被媽媽打還可怕。所以有的孩子在被忽視時，會做出各種破壞性的舉動，以此吸引父母的關注。

那麼，什麼樣的媽媽無法在情感上回應孩子？

採取無回應養育方式的媽媽的特徵

無回應養育方式的標誌是，媽媽抑制了自己對孩子的情感表達，拒絕與孩子身體接觸。在什麼情況下，媽媽會喪失母性功能，無法回應孩子呢？

1．**心情持續低落或患有憂鬱症的媽媽**。

這樣的媽媽被自己無助、絕望、崩潰的情感體驗淹沒，甚至掙扎於死亡邊緣，根本沒有力氣去回應孩子的需要，也不能很好地愛撫孩子的身體。憂鬱症特別是產後憂鬱嚴重剝奪了媽媽的養育功能。在心理學研究裡，嬰幼兒是通過媽媽的臉而看見自己的。但在患有憂鬱症的媽媽的臉上，孩子什麼也看不見。得到媽媽的情感回應既是生存的需要，也是自我發展的需要，對孩子來說，沒有回應的世界就是絕境。

2．**情感嚴重隔離的媽媽**。

情感嚴重隔離的媽媽無法在情感上回應孩子，她像一座孤島或絕緣體，淡漠而枯竭。通常情況下，初爲人母時，女性都會有喜悅的感覺，這是一種天然的母性。但情感嚴重隔離的媽媽，天然的母性也被抑制了。在諮商時，我通常會問來訪者對自己媽媽的感覺。有的來訪者會形容自己的媽媽像一具乾屍或者木乃伊，我覺得這樣的比喻非常形象地形容了情感枯竭的媽媽。

無回應的養育方式帶來的影響

1．無回應的養育方式會對孩子產生很大的影響。

無回應的養育導致孩子情感嚴重匱乏，心智受損，缺乏愛的能力。

心理學家埃德．特羅尼克（Ed Tronik）做過一個很著名的心理學實驗——靜止的臉，這是一項關於創傷性忽視的實驗。實驗裡，媽媽和孩子保持眼神接觸，在快樂的互動中，媽媽突然面無表情，之後觀察孩子會有什麼樣的反應。結果是孩子進入害怕和恐懼狀態。

憂鬱或情感嚴重隔離的媽媽的臉基本是靜止的，沒有什麼表情。這是一種慢性的情感連結斷裂的狀態。因爲缺少情感的回應與互動，孩子會因爲害怕、恐懼等情緒而出現情感匱乏和退縮的狀況，孩子的心智化能力也會因此受到影響。

心智化是一種理解自己和他人情緒、情感的能力。比如，當媽媽無端指責你時，你會體驗到憤怒和委屈，產生這樣的感受是因爲自己沒有做錯什麼，卻遭到媽媽的指責。心智化通過媽媽對孩子持續的情感回應而發展，其生理基礎是鏡像神經元的發展。因此，無回應的養育方式會導致孩子鏡像神經元發育和心智慧力受損。長大之後，心智能力受損的人無法理解自己和他人的情緒情感，常常不明白他人爲什麼不理會自己，爲什麼生氣，又爲什麼喜歡自己等。這些困惑只能通過智力上認知的推論和理解予以彌補，這樣，人會變得過分理性，進而導致無法和他人建立良好的關係。這也常常導致他們渴望愛，但無能力去愛。

菲菲（化名）是我見過的讓我特別心痛的女孩。她對自己的感覺是模糊不清的，她不清楚自己的情緒是怎麼來的，整個人處在一種壓抑和陰鬱的狀態裡。她的記憶一直定格在「我看著媽媽忙碌的身影，媽媽似乎感覺不到我的存在，我的心涼涼的」。

菲菲還描述過一個場景，這個畫面就像前面提到的「靜止的臉」一樣：她喜悅地把自己最喜愛的糖果給正在廚房裡忙碌的媽媽，媽媽面無表情地回頭望了她一眼，沒有接過糖果，也沒有說任何話。

想像一下這個畫面，如果你是這個小女孩，會有什麼感覺？在這個場景裡，我感到深深的失望和悲傷。我能想像菲菲對媽媽愛的回應的渴望，就像松子對爸爸愛的回應的渴望一樣。

菲菲的媽媽長期心情低落，且與孩子情感隔離，這使菲菲無法和她產生情感連結。這樣的經歷讓菲菲情感匱乏、心智受損，對自己和他人的感受都感到困惑。她不知道如何讓情感在關係裡流動，也就無法建立好的關係。因此菲菲時常感到深深的孤獨，她的心就像深夜飄蕩在大海裡無法靠岸的孤船。

2. 無情感回應的養育會讓孩子失去最深層的安全感，進而喪失建立良好關係的能力，這也是孩子陷入憂鬱狀態的原因之一。

小柳（化名）因爲第二次離婚感覺憂鬱而來找我。我發現，在每一段關係裡，她剛開始時都感覺非常美好，她講述這些感覺的時候，彷彿擺脫了憂鬱的狀態，充滿活力，這實際上是她對理想媽媽的期待和投射。理想破滅之後，小柳又會快速陷入憂鬱狀態。

小柳渴望從伴侶那裡得到理想的、像媽媽愛的回應那樣的情感連結，是註定要失敗的。因爲，在成年人的世界裡，沒有人能彌補她喪失的母愛，也沒有人能扮演她理想父母的角色。

沒有得到媽媽情感回應的孩子，內心常常是孤寂和絕望的。長大之後，她們也容易忽略自己孩子的情感需求，難以給孩子恰當的回應。這就導致代際創傷的傳遞。當然，如果孩子有第二依戀對象（比如爸爸或奶奶、外婆），而且能得到他們愛的回應，那麼，情況會好很多。

第六課

拒絕型母親：為什麼你總是需要證明自己的價值

文化與女性身份

我想先跟大家分享一個故事。徐志摩的前妻張幼儀家有十二個孩子，其中八個男孩四個女孩。但當別人問張媽媽家中有幾個孩子時，張媽媽總是回答八個。張幼儀對她的孫侄女張邦梅說過這麼一句話：「那時候，女人家是一文不值的。」

這一語道破了那段歷史中女性的地位。《女誡》等文學作品都反映了那個時期男權對女性的統治、控制和貶低。

法國女性主義者波伏瓦也在《第二性》中闡述了女性作爲他者和附屬的地位，並探究了這種現象在全世界存在的原因和歷史。

女性要獲得被公平對待的權利，這在全世界都不是一件容易的事情。因爲「男尊女卑」的落後觀念在很大範圍內已經被廣泛認同。雖然我們這一代都不認同這樣的落後觀念，但是，通過祖輩的代際傳遞，這種觀念還是在潛意識裡影響了我們及我們的孩子。

當然，談到這樣的觀念，我並不是要去譴責認同「男尊女卑」觀念的女性，我更多的是想和大家一起重新理解我們的外婆、媽媽和我們自身，瞭解女性在這個社會面臨的生存環境及受到的影響。

要瞭解自己，我們必須瞭解我們的媽媽，也必須瞭解她們成長的社會和家庭背景。作爲女性，媽媽們是在「男尊女卑」的社會背景下長大的，她們既是這種觀念的受害者，也是這種觀念的代際傳遞者。

我的奶奶有八個孩子，我的外婆有七個孩子。在那個物質極其匱乏的年代，她們都曾多次陷入絕境，比如饑餓、死亡，被拋棄、忽視、虐待。在我的臨床諮詢中，我看到每一位來訪者背後都有傷痕累累的母親，創傷性經歷使她們喪失了作爲母親的功能。

媽媽對女兒女性身份的拒絕

爲什麼在電視劇《都挺好》中，大家對蘇明玉會產生那麼強的共鳴呢？因爲這個角色道出了很多女性的心聲，她們因爲女性身份而永遠被媽媽拒之於心門外。

因爲女性身份而被媽媽拒絕，意味著她們永遠得不到媽媽的疼愛、認可，也因此被剝奪了很多權利，比如受教育、被公平對待的權利。很多女孩在童年時期被媽媽要求分擔繁重的家務，需要照顧弟弟妹妹。在她們整個成長過程中，吃的、穿的、用的一切要以弟弟爲中心。媽媽似乎永遠都會說：因爲你是姐姐，你要讓著弟弟。當然，這對於男孩也是災難性的，會讓他們難以理解他人、適應社會。

很多女孩長大後被迫輟學去打工，打工賺的錢要供弟弟或哥哥讀書。我見過一個讓我相當憤怒的案例，那個女孩簡直就是現實版的蘇明玉。她國中輟學，作爲童工去打工，所賺的錢全部被媽媽用來供哥哥讀書，而哥哥成績不好，高三補習了三年。

我見過很多女性來訪者，她們的媽媽會對她們提出各種要求，比如承擔兄弟的學費或兄弟結婚買房的錢。媽媽以各種名義向女兒要錢，然後將這些錢都給了兒子。還有的媽媽希望通過女兒婚嫁得到高額的聘禮，用來給自己的兒子娶媳婦。在二十世紀七八十年代，有些家庭因爲一定要生男孩，便把生下的女孩拋棄了。那個年代，從一些女孩的名字中，就可以看出女孩的父母多想未來可以生下一個兒子。

有很多女性因爲自己的女兒身而不被媽媽接納。很多媽媽認爲，女兒終究是「外人」。可悲的是，女兒在自家被當成外人，在婆家也被當成外人。當然，這是因爲媽媽認同了「男尊女卑」的觀念。這樣的認同具有強大的社會和家庭背景，大多數媽媽也只有認同這一觀念，才能在社會及家庭裡生存和立足。

每每看到或聽到這類故事，我都會感到悲憤。作爲女性，我主張女性應被平等地對待，我提倡女性擁有獨立和自由。

媽媽拒絕女兒的原因

媽媽拒絕女兒的女性身份，其實拒絕的是女兒整個人，其本質是對自己女性身份的拒絕。而媽媽對女性身份的拒絕，則是因爲社會及家庭對女性身份的排斥和貶低。

如電視劇《都挺好》中，蘇媽媽對女兒的拒絕其實是對女兒女性身份的拒絕、對她整個人的拒絕。蘇媽媽對女兒有一種潛在的憤恨，無論蘇明玉如何優秀、如何努力，媽媽眼裡永遠沒有她，只有兒子。蘇明玉的存在對媽媽而言就是一個恥辱，媽媽需要永遠排斥她以消解這種恥辱，這是一種徹底的心靈驅逐。

爲什麼蘇媽媽對女兒的女性身份如此排斥和厭惡呢？原因是蘇媽媽因女性身份受過創傷。她把她的經歷歸咎於自己的女性身份，因此在心理上痛恨這個女性身份。而同時，她埋葬了自己痛苦的經歷，讓自己變得麻木，這樣才能做到對女兒的痛苦、絕望和憤怒視而不見，極度冷漠。

媽媽拒絕女兒的女性身份造成的影響

被媽媽拒絕的女孩會用一生證明自己的價值。

心理學研究表明，一個孩子自尊的發展深受媽媽的接納、理解、支持和回應的影響。只有媽媽的表情、言行、情感互動讓孩子覺得自己是好的、可愛的、值得被愛的，孩子才能形成一種穩定的自尊感。

但是，被媽媽拒絕的女兒會產生一種被嫌棄、被厭惡甚至被憎恨的感覺。這種拒絕的情感也許是赤裸裸的，也許非常隱蔽，但無論是哪種形式，都會讓女兒認定「自己是不好的」。沒有人能承受這種可怕的感覺，所以很多女性只有通過向他人證明自己的價值來抵消她們內心的無價值感。

被媽媽拒絕的女孩會以認同或反向認同媽媽的方式發展自我，且對女性身份認同困難。

就像之前提到的我的朋友。她的媽媽一定要生男孩，而她自己也覺得生男孩才有意義，因爲這樣可以傳接「香火」。這就形成了一種代際創傷的傳遞。

對媽媽的反向認同其實也是認同。但凡我們有要對抗的部分，就有對應的認同部分。如果媽媽卑微地活著，那麼自己就立志成爲主宰者、強者，成爲一切的核心，比如那些「母老虎」似的妻子，或「大母神」婆婆等。

當一個女性非要證明自己比男性強時，通常意味著她對自己女性身份的不認同，內心埋藏著「我不好」的種子。有的女性爲了證明自己的價值，執著於追求財富和美貌，或追求孩子的成功，等等，並以此作爲自我價值的標準，而忽略了自己的內在價值。這樣的女性往往不知道自己眞正要的是什麼，也無法活出眞實的樣子。

女性對自己女性身份的不認同會導致她們無法培養女性的內在氣質，比如溫柔、堅韌、包容等；也會阻礙女性成爲母親，比如不願懷孕。

總之，作爲榜樣，媽媽對女兒自我認同感的形成，尤其是對她女性身份認同感的形成至關重要。

我也見到很多女性，雖然心裡已傷痕累累，但仍飽含善良和堅韌，努力尋找成爲自己的方法。在臨床諮詢時，每次聽到這樣的故事，我都會被她們的勇氣和堅韌深深打動。

就像張幼儀，雖然生在女性被迫裹小腳的時代，後來卻成爲穿西服的獨立女性。她和徐志摩離婚之後，還做了上海女子商業儲蓄銀行的副總裁。

最後，我想引用張幼儀的話來結束這一章：「媽媽說女人是一文不值的，阿嬤咒罵我是「外人」的時候，一半的我聽進去了，另一半的我沒聽進去。我生在變動的時代，所以我有兩副面孔，一副聽從舊言論，一副聆聽新言論。我具備女性的內在氣質，也擁有男性的氣概。」

願我們都不再被媽媽的拒絕困住，轉而成爲獨立自由的女性，既具備女性的氣質，也擁有男性的氣概。

第七課

情感剝奪的母親：缺失的照顧、共情與保護

情感剝奪是指在孩子青少年之前，母親對其身體照料、情感連結、保護性力量的缺失。

情感剝奪的類型

情感剝奪主要有以下三種類型，有的人經歷了其中一種類型的剝奪，有的人經歷了多種類型的剝奪。

第一種是照顧性剝奪。「照顧性」是指溫暖的關注和身體情感的表達。

我出生在二十世紀七十年代末，成長於多子女的農村家庭。我體驗到也看

到很多照顧性剝奪，因爲在那個年代，物質相對匱乏，父母面朝黃土背朝天地忙於生計，只能給予孩子基本的生活照顧，根本談不上對孩子有溫暖的關注和身體的愛撫。我記得，在很小的時候，我就學會了生病時自己去找村醫看病（我的母親對此非常讚賞）。在那個年代，大部分孩子不僅需要學會自己照顧自己，還需要學會照顧弟弟妹妹、承擔家務或者幹農活。

由於家境貧窮、兄弟姐妹眾多，孩子可能有照顧性剝奪的經歷。如果家庭中存在根深蒂固的重男輕女思想，那麼女孩的情況可能會更艱難。

第二種是共情性剝奪。共情是指有人能夠理解你的世界，認同你的感受，並對此做出回應。可以說，共情是一個情緒、情感流動的過程。

你可以通過以下幾個問題判斷自己的母親能否與你共情。她理解你的感受嗎？你可以在她面前表達真實的感受而不會被批評、曲解或教導嗎？她會和你真誠、開放地談心嗎？如果答案是否定的，說明你的母親很難共情你的感受。

當一個孩子的內在感受不被看見、理解和回應時，共情性剝奪就產生了。與照顧性剝奪不同的是，有的母親能夠很好地在身體方面照顧孩子，但是無法共情孩子的內在。在無回應的母親裡，有的母親能照顧孩子的生活，就像照顧寵物一樣，卻永遠無法理解和回應孩子內在的情感。

在諮詢過很長時間後，一位常常感到莫名焦慮和恐懼的來訪者報告了一個夢境：在一條街上，她看到一位中年女性在臉盆裡為一個長頭髮的嬰兒洗澡，她就像洗菜一樣，一會兒把孩子按到水裡，一會兒抓起來。我邊聽邊想像這個畫面，感到莫名的悲痛、驚悚和恐懼，也越發地理解她為什麼懷有無法控制的焦慮和恐懼感。這源自早期她的母親對她女孩身份的憎恨，這樣的憎恨表現為不希望她出生，或是希望她死去。這種深刻的對死亡的焦慮和恐懼根植於她的內心，令她非常痛苦。

我有一位在藝術領域有所建樹的朋友，她是獨生女，她的母親是一名優秀的國中教師，將她的生活起居照顧得很好，並且非常關注她的學習狀態。父母對她的教育方式屬於說教型，對她而言，有很多的應該和不應該，外人很難感知她的感受和想法。比如，她小時候因摔倒而哭泣時，她的母親會馬上抱起她，並對她說「沒什麼好哭的，勇敢的孩子都不哭」；等她稍稍長大一些，如果她提出自己的觀點，媽媽則會擺事實、講道理，讓她放棄自己的想法，她的母親總是告誡她「媽媽這都是為你好」。

長年累月，她常常感到一種窒息感和無法遏制的憤怒，她不明白爲什麼一些小事就會讓她憤怒到崩潰，她的親密關係常常因此破裂。這樣的養育方式既是控制也是共情性剝奪，這樣的剝奪在自戀型母親身上表現得最明顯。

第三種是保護性剝奪。所謂「保護」，是指提供力量和引導，與孩子共同面對困境的能力。

保護性剝奪是一種很隱密的傷害。比如，父母自我力量虛弱，在家庭成員被欺淩時，父母表現得軟弱無力；當孩子被霸淩時，父母表現出無能爲力的樣子，等等。

曉璐（化名）是這樣描述自己的父母的：「我的爸媽都是老實人，他們對我很好，基本不會打我，也不會對我提出嚴苛的要求，但有時我的家人會被欺負、被瞧不起，每當這個時候，他們總是很害怕。因此，我的父母總是謹小愼微，常常看別人臉色行事。他們的生存信仰是「我們惹不起，但是躲得起」。我對此感到憤怒又無力。」

在國一住校的那一年，曉璐遭遇了創傷性經歷。因爲同學懷疑她告密，多次威脅要打她，她很害怕。回家之後，她把自己被威脅的事告訴了父母，她的爸爸應了一句：「少惹事，就沒事！」而她的媽媽則焦慮地建議她報告老師。曉璐因此感到很無助，就這樣在恐懼中度過了那一年，後來因爲事情不了了之，她才逐漸有了安全感。

這種保護性剝奪常常會非常隱性地導致女孩被猥褻或被性侵，甚至有些女孩把被猥褻或者被性侵的情況告訴父母時，家長竟然不相信自己的孩子。性侵女孩的人有不少是親戚或熟人。令我常常感到無力的是，在我的臨床諮詢中，有許多女性都有被猥褻或者被性侵的經歷。寄養在爺爺奶奶家或者外公外婆家、被親戚性侵的女孩大有人在。我聽過四歲的女孩被親戚性侵長達兩年的惡性事件，這既讓我感到震驚、憤怒，也令我非常悲痛。我不知道有多少女性有過如此可怕的經歷，而她們的父母對此並不知曉，或者即使知曉也忍氣吞聲或者不了了之。

情感剝奪對性格的影響

首先，照顧性剝奪會導致憂鬱、孤獨和空虛。孩子長大後會依賴伴侶、渴望被照顧，對親密關係要求很高。

照顧性剝奪主要發生在生命的早期，涉及孩子的吃喝拉撒睡。當然，生理需要的忽視常常伴隨著心理需要的忽視。如果照顧性剝奪發生在孩子二歲以前的前語言期，往往會導致孩子的情緒無法言語化，他們的情緒會是彌漫性的，比如感到無法言說的憂鬱、孤獨和空虛。

曉筱（化名）是一位經歷了照顧性剝奪的來訪者。在她一歲半以前，媽媽因為工作原因，把她交給鄰居撫養。鄰居不但要照顧自己的孩子，而且沉迷於娛樂活動，對曉筱疏於照顧。長大之後，曉筱渴望丈夫能時時照顧和回應自己，但事與願違，丈夫常無視曉筱的抱怨，對她越來越疏忽。幾年後，曉筱得了憂鬱症，並且總感到頭暈，而丈夫認為她有些矯情。

在諮詢中，曉筱逐步瞭解，自己依賴丈夫並渴望獲得丈夫的照顧，最大的原因是早年照顧性剝奪的經歷。現實中的失望啓動了她早期的創傷，導致了其憂鬱和頭暈。

照顧性剝奪也會導致很多軀體化的問題。因為身體自我是最原始也最早期的自我，孩子無法言語化的時候，就會用身體表達。因此胃痛、頭疼、大腸激躁症等軀體化的問題常常與被剝奪引發的情緒相關。

經歷過饑荒的人會有嚴重的物質匱乏感，而人類有生存下去的生物性本能，於是，物質匱乏感會讓人在潛意識裡囤積脂肪。有過大饑荒經歷的媽媽或（外）祖父母在照顧孩子時，很可能表現出過度照顧的情況：他們總認爲孩子沒吃飽，因此過度餵食。實際上，這是代際創傷的傳遞，這些過度照顧者大多經歷了照顧性剝奪，而過度照顧又導致孩子的自主性被剝奪。

其次，共情性剝奪導致一個人心智受損，自我價值感低下，渴望被認可。共情的本質是一種情感的感知和回應，如果媽媽對孩子沒有共情，就會影響孩子大腦鏡像神經元的發育，孩子的心智就會受損。心智受損會影響一個人理解自己和他人情緒情感的能力，也會影響一個人理解自己和他人爲什麼會有這樣的情緒情感的能力。通俗地講，心智受損會導致人情商低下。這類人常常愛說道理，以理智思考衡量對自己和他人的理解，這樣的理解常常非黑即白，不是對就是錯，沒有灰色地帶。比如，孩子因爲即將遲到而焦慮、害怕時，心智未受損的媽媽通常會直接安撫孩子，但是心智受損的媽媽就會反問孩子：你爲什麼不早點起床呢？爲什麼要磨磨蹭蹭呢？甚至會說孩子遲到活該。

作爲孩子，偶爾考試成績不佳、上學遲到或者和同學爭吵等，都是成長過程中很正常的事情。孩子不是機器人，設置好程式就可以按程式啓動。作爲一個獨立的個體，孩子必然會出現偶然狀況，這樣才會發展出自主性和自我理解、接納的部分。媽媽允許這些灰色地帶存在，去掉對和錯的界定，這樣的接納才可以很好地支援孩子自信的發展。

而那些不被媽媽共情性理解和接納的孩子，其內在自我價値感很低，在人際關係裡，非常在意別人的看法，渴望被老師或者上司認可。他們也常常因爲很小的刺激而感到羞恥和憤怒，但又非常害怕表達。其情緒情感體驗單一，主要的感覺是焦慮和憤怒，無法分化出細膩的情緒，比如體驗憤怒背後的悲傷、失望、無力、沮喪或羞恥。

有一位情緒壓抑的女性朋友，她常常逼迫自己去做一些會使自己變得快樂的事情。於是，她會安排家庭野餐、旅遊等活動，也會去體驗自己想體驗的事情，比如繪畫、跳舞。但是，她發現自己無論經歷什麼，都感受不到眞正的快樂和喜悅，即使有感覺也像曇花一現，非常短暫。而她的媽媽完全無法理解她的感受，常常批評、指責她。

最後，保護性剝奪會導致一個人內心缺乏依靠和榜樣的力量，有無依無靠的感覺。

前面講到的曉璐，正是保護性剝奪的經歷導致她心生絕望，不再指望父母。不僅如此，她還反向形成了一種防禦，表現出和自己的父母完全不同的性格及處事方式，變得非常有主見和強悍，這是一種自我保護的盔甲。如果把城堡比喻成自我，那麼城堡週邊的城牆則是防禦系統。與曉璐有類似經歷的人，要不把防禦做到最足，架設很多大炮，攻擊性強；要不不設防禦工事，也就是對父母的軟弱性進行認同，這會導致自我力量薄弱，自尊低下，行事變得謹小慎微，害怕衝突。

無論採取哪種方式，其內心都有一種無人可以依靠的悲涼和絕望感。如果在你非常需要他人支援的時候，你回頭發現身後空無一人，那麼，你肯定存在保護性剝奪，也就是你的父母是「不可靠」的——當你需要他們的時候，他們無法提供有效的支持。

孩子的人格主要是通過內化父母的人格特質而形成的。因此，如果父母沒有自我力量，孩子要不過度保護自己，形成虛假的力量感；要不認同父母，自我喪失力量。而爸爸作爲力量的象徵，在此顯得尤爲重要。

形成情感剝奪的原因

愛孩子是母親的天性，但爲什麼母親會喪失這樣的天性，導致孩子情感需要被剝奪呢？原因主要有以下兩點。

一方面，在物質匱乏的年代，我們的父母輩大多有五個以上的兄弟姐妹，家長在養育孩子的過程中根本照顧不過來，多數情況是以大帶小，這就導致了養育中的情感剝奪。我認識一位女孩，她在家排行老五，前面有四個姐姐。她十五歲輟學打工，而在此之前，她從來沒有穿過新衣服，哪怕是春節，穿的也是姐姐前一年春節穿過的衣服。

另一方面，一般來說，對孩子產生情感剝奪的媽媽自己早年的成長經歷裡也有情感剝奪的經歷，這是代際創傷的傳遞。就像曉筱和曉璐的媽媽，她們都經歷了災荒，都因爲女性身份而被不公平對待，甚至被剝削和嫌棄。

第八課

情感混亂的母親：為什麼你會在關係中受傷

情感混亂的母親的養育特徵

雖然我的母親有很多不足，但我從來沒有挨過打。在我剛剛參加工作的時候，我被小偷打過兩拳，打在肚子上，當時我痛得躺在地上，內心充滿恐懼，感覺自己要死了。之後，在很長一段時間裡，我都被這種恐懼困擾，天一黑就害怕一個人走路，每天晚上都要檢查房間是否有人。很久之後，我才慢慢找回安全感。

雖然這只是一次偶然的挨打經歷，並且發生在成年之後，但這足以摧毀我內在的安全感。我時常在想，那些我在臨床諮詢中聽到的因爲媽媽情緒失控或父母爭吵、打架而感到恐懼和無助的孩子應該怎麼辦？

情感混亂的母親在養育中的典型特徵是，常常情緒性失控地對待孩子，比如恐嚇、威脅或打孩子，從而使孩子產生巨大的恐懼感。有個女孩告訴我，她已經記不清有多少次被媽媽打到躺在地上，一直驚叫和打滾；還有一個女孩告訴我，當媽媽把她往死裡打的時候，她就咬牙一聲不吭，心裡想被打死也就算了。

有的媽媽會用語言或眼神恐嚇孩子，就是爲了讓孩子安靜、聽話。有很多恐懼來自嬰幼兒時期，即前語言期，媽媽帶有敵意的眼神或動作足以讓嬰幼兒產生強烈的恐懼感。

當然，不容忽視的事實是，家庭暴力事件中的主角常常是爸爸，媽媽和孩子經常是被家暴的對象。對此，我也很憤怒。因爲作爲弱勢群體，女性和孩子無論在家庭還是在社會方面，經常得不到有力的支持和保護，大多數人主張女性隱忍，爲了孩子，無論如何都應該隱忍，這被稱爲「美德」。這樣的輿論環境進一步促使媽媽認爲一切都是爲了孩子。

情感混亂的媽媽容易和孩子形成混亂型依戀

混亂型依戀是由心理學家梅因（Main）研究發現的。媽媽情緒的混亂和不穩定性，導致孩子在關係裡充滿恐懼、焦慮和不確定性。梅因提出：當依戀物件不僅被體驗爲安全港，與此同時，也被體驗爲危險的來源時，混亂型依戀便產生了。

情感混亂的媽媽容易和孩子建立混亂型依戀模式，這是因爲媽媽既提供他們生存的需要，又是他們恐懼的源頭。

我老家的隔壁住著一位年輕的媽媽，有一次回老家，她和我抱怨自己上小學三年級的女兒一直尿床，並且在房間裡不敢關門，總要站在離門最近的地方。

我很清楚地知道，這是她對女兒很粗暴的養育方式導致的。有好多次，我看到她因爲女兒尿床而情緒失控地對女兒甩巴掌。她女兒五歲時不小心掉到水溝裡，非常驚恐地掙扎著，她從水溝裡拎起女兒就是幾巴掌。大家的勸解似乎都不能消解她的暴怒，我看到了小女孩眼裡的恐懼、慌亂和無助。

當小女孩掉到水溝裡，這時最需要媽媽的安撫，但媽媽給予她的是恐懼的回應。實際上，小女孩尿床多數和內心的恐懼及衝突有關；而害怕關門也是擔心遇到危險無處可逃時採取的外化策略，這些都是混亂型依戀的特點。

當然，並不是所有打孩子的行爲都會造成混亂型依戀。媽媽的行爲如果常常讓孩子感到恐懼，才會造成混亂型依戀。

情感混亂的媽媽在親密關係裡更容易有家暴的情況，這也常常讓孩子感到恐懼。而貧窮和生育的壓力、被老公或公婆歧視及虐待的現實，也會增加媽媽把情緒發洩在自己孩子身上的可能性。

如果媽媽因爲早期創傷，內心總是充滿恐懼，或者經常處於恍惚的狀態，心理學上稱之爲解離狀態。那麼，孩子也會在媽媽身上體驗到混亂和恐懼，這樣也會導致混亂型依戀。有的媽媽會因爲受不了孩子哭鬧不停而捂住孩子的嘴，孩子感到窒息後媽媽才突然醒悟，感到自己在傷害孩子。媽媽因爲孩子哭鬧而出現解離的狀況，那一刻，好像媽媽的身份消失了，媽媽對孩子和自己的感知也消失了，於是出現那可怕的一幕。解離常常是早年創傷經歷導致的。

混亂型依戀的影響

那麼，混亂型依戀會產生什麼影響呢？

混亂型依戀在人的孩童時期就已經產生比較明顯的影響。比如孩子在學校中有行為問題，如曠課、打架、霸淩其他同學等，這樣的孩子常常缺乏對他人痛苦的同情，這會形成一種惡性循環：孩子長期的警覺和缺乏媽媽的安撫使孩子變得混亂而好鬥，這又進一步導致家長、老師和同輩的拒絕和懲罰。有著混亂型依戀的女孩更容易在青春期發生性關係，因為這樣的女孩渴望愛，而在性的關係裡，她感覺自己是被「關注」的，被「愛」著的，她無法分清愛和性。但是，性本身讓女孩感覺自己不好，感覺羞恥，有的甚至會導致創傷性經歷。

混亂型依戀會讓一個人的自我價值感低下，應對心理衝突的策略失效，使其既渴望又恐懼親密關係，一生都活在糾結和痛苦中。有著混亂型依戀的人內心缺乏基本的安全感，其核心體驗是恐懼和焦慮。

小娟（化名）在家中排行老二，她爸爸是教師，比較少回家，家裡的農活基本由媽媽負責。她童年時常常被媽媽暴打，原因是媽媽幹完農活回家，發現小娟沒有做家務，或者小娟出去玩忘了做作業，等等。

而爸爸回家的日子就更難過了，因爲爸媽會爲一點兒小事大打出手。因此小娟總是需要去找鄰居幫忙勸架，她恐懼媽媽會死去，也恐懼爸爸媽媽會離婚。有時，媽媽在和爸爸打架之後會離家出走，每當這時，小娟都懇請爸爸把媽媽找回來。在媽媽離開的日子裡，小娟也活在恐懼裡，害怕再也見不到媽媽，害怕媽媽不要自己了。在這樣的成長環境裡，恐懼、焦慮和無助一直伴隨著小娟，直到她成年。

從生理基礎來看，大腦中最基礎的邊緣系統會在孩子反復經歷爸爸、媽媽的威脅和恐嚇的時候被啓動，這會讓孩子的大腦感覺陷入生死攸關的處境，處於警覺的狀態。在之後的歲月裡，一有風吹草動，大腦就會打開警報系統，身體自動進入戰鬥或逃跑的狀態：心跳加快，血壓升高。長期如此，一個人會經常性地情緒失控，身體持續緊張和僵硬。就如成年後的小娟，睡覺前總是害怕房間裡有恐怖的東西，時常感到身體處於緊繃狀態，腸胃總是不舒服，疑心自己得了胃癌，或當血糖高一些的時候，又擔心自己得了糖尿病。

這樣的恐懼和焦慮也常常伴有對身體的過度擔憂：因爲害怕患上嚴重的疾病而反復到醫院檢查，即使檢查結果表明她沒有什麼嚴重的問題，也只能起到短暫的安撫效果。這樣的情況常常與早期媽媽不僅對孩子的生理和心理需求沒有回應，反而給孩子帶來侵入性的可怕感覺有關。因此，這種早期創傷性經歷讓孩子的心理安全感基礎非常差，長大之後她們常常感到這個世界是不安全的，繼而產生被迫害的想法，或者產生身體遭受疾病迫害的感覺，這實際上是心裡的不安全感外化到身體裡的原因，在她們看來，這樣的問題可以通過看醫生而得到解決。

混亂型依戀還會導致一個人既渴望親密關係，又恐懼親密關係。恐懼是內在安全感喪失的體現，透過大腦和身體的記憶，恐懼會讓一個人長期處於警覺的狀態。

小娟結婚之後，常常因爲丈夫擺出憤怒的表情就感覺丈夫要打她，因此在親密關係裡總感覺恐懼和焦慮。事實上，她丈夫雖然有時候會憤怒，但是從來沒有打過她。而在人際關係裡，她總覺得自己要毫無保留地對朋友好。

小娟早年對媽媽的混亂型依戀讓她對他人和這個世界感到極不安全，總是惶恐不安。她無法信任自己的丈夫，總覺得丈夫會傷害自己，這導致親密關係疏離。在她的內心裡，自己是毫無價值的，因此形成了迎合討好他人的生存模式，或者執著於證明自己是有用的。

像小娟一樣經歷混亂型依戀的人既渴望親密又害怕親密。在渴望親密的時候，她會將對方理想化，渴望融合；而當與對方親近的時候，她又懷疑對方會傷害自己，或擔心自我被對方淹沒。因此，在親密之後，她又會快速做出破壞關係的行爲。這是因爲她內在的小孩既渴望得到媽媽融合性的愛，又害怕被媽媽傷害，或自我被媽媽淹沒。

這樣的情感兩極搖擺，常常導致親密關係中出現強烈衝突，有時候會形成施虐與受虐的關係。

混亂型依戀的代際影響

依戀理論研究發現，童年期處於混亂型依戀的孩子，長大之後和他人建立的關係也是極不穩定的。也就是說，「既渴望又恐懼」會成爲這個人的核心關係模式。

一般來說，情感混亂的媽媽在自己早期的成長歷程中也遭受過很多威脅或打罵，有的還經歷過性創傷。她們身處不安全的環境，又無法得到保護。所以，這些未解決的創傷就以顯性或隱性的行爲方式，在與孩子的關係裡體現，導致孩子遭受代際創傷，形成混亂型依戀。

第九課
難言之痛：心理問題與身體疼痛

身體從未忘記

對於小時候的經歷，很多我們已經記不清了，特別是三歲以前的記憶。但事實上，這些經歷都印刻在我們的大腦和身體裡。

曉雯（化名）是家裡的長女。她爸爸酗酒後總是毆打她媽媽。她來找我是因爲自己無法喝冰水，只要喝到冰水仿佛就會暈厥並全身起疹子，有時候碰到冰水也會起疹子。曉雯記得第一次出現這種情況是在十歲那年，當時她正在客廳準備喝冰開水，醉酒的爸爸開門之後就開始毆打媽媽。看到媽媽快被打死的那一刻，她恐懼到幾近暈厥，之後的事情她就記不清了。自此之後，曉雯就對冰水過敏，容易暈厥和起疹子。

曉雯的身體記住了那個可怕的時刻。事實上，對於曉雯而言，那是一次創傷性經歷。

我的一位女性朋友感覺自己身體的右側持續疼痛，那種感覺像是自己被劈成了兩半，而醫院沒有檢查出任何生理上的問題。後來她發現這種疼痛和父母的關係有關——父母以一種令她非常難以承受的方式離婚，給她帶來了持久的傷害。如果內心的愛與恨無法言語化，身體常常就會承受這種分裂式的衝突。

身體疼痛的意義

身體以一種特別的方式印刻了我們成長中重要的經歷和難以化解的衝突。身體會用它的語言向我們傳達其中隱含的意義。那些沒有明顯生理基礎的身體症狀在向我們表達內心無法言說的痛苦和無法解決的衝突。接下來，我們看看那些難以言說的心理之痛是如何透過身體來表達的。

第一個是肥胖問題。肥胖是很多女性心中的痛。肥胖除了遺傳原因，很多時候也與心理因素相關。肥胖和愛的渴望、攻擊性的壓抑有關。過度進食會導致肥胖，但是，明知吃多了會變胖，還是有很多女性控制不住想去吃。

一方面，這是因爲愛匱乏。進食和媽媽的餵養有關，好吃好喝就像被媽媽餵養，內心會產生一種滿足感。另一方面，這也是壓抑攻擊性導致的。內心攻擊性太強，但又無法表達，於是讓自己變得很胖，隱藏攻擊性。

有個女孩，她的爸爸總是罵她像豬一樣笨，認爲她很懶惰，有時候還暴打她。爸爸從來沒有誇過她，媽媽也很難理解她的痛苦。因爲愛的匱乏，她不斷吃甜食，這導致她非常胖。她沒有意識到自己對爸媽的憤怒，但她通過身體的肥胖告訴他人：我是沒有攻擊性的。同時，她的肥胖極大地傷害了爸媽的自戀，這是其對父母隱性的攻擊和認同。

第二個是月經問題。月經是女性生育力的象徵，月經意味著付出生命的一部分，具有自我開放、接受、孕育等女性特質。一個女性如果不接受自己的女性身份、不接納女性特質、害怕性欲、害怕做母親，就容易產生月經障礙或不適，比如嚴重的痛經、月經長期不調、絕經期提早等。那些因爲女性身份而被媽媽拒絕的女性，很多都會存在月經方面的問題。

同時，因爲女性身份而被媽媽拒絕，也更容易導致子宮、卵巢或乳房等方面的問題。其原因主要是在和媽媽的關係裡存在著無法表達的攻擊性。這種攻擊性因無法表達而轉變爲對女性身份的攻擊及對母親身份的不接納。其結果可能是女性器官出現問題，也可能出現不育不孕等症狀。

第三個是皮膚問題。皮膚是人體最大的器官。皮膚問題常常預示著關係中界限和連結出現了問題。如上面例子中的遭遇家暴的女孩，家暴讓她在心理上被一種失控的恐懼入侵，皮疹象徵著其無法守住心理邊界。

同時，因爲皮膚是「我」的界限，皮疹表明體內有東西要衝破界限到體外來，就像無法容納的恐懼和憤怒要衝破「心理的皮膚」跑到外面來。所以她的皮膚總是起疹子。

而皮膚敏感的人也有敏感的心靈。比如見到陌生人一緊張就臉紅。此外，皮膚也是關係連結的直接方式。不管是粗暴地拍打還是溫柔地撫摸，我們都能直接感到情緒情感的傳遞。皮膚出現問題，意味著關係連結出現了問題。

第四個是胃的問題。胃的問題和情緒有很大的關係。胃主要的功能是容納，無法容納的焦慮和緊張容易導致胃脹。胃製造胃酸分解食物，胃酸代表攻擊性。一個人如果無法表達攻擊性，攻擊性就會轉向自身，以火氣和胃酸的方式呈現，最後導致胃潰瘍。患胃病的人潛意識裡渴望得到媽媽溫暖的關愛和照料。

除了這四個常見的問題，還有很多其他的身心問題。比如，很多低血壓的女性缺少活力，遇事總採取迴避的態度。

女性性冷淡常常和女性身份認同、性創傷及糟糕的父女關係有關。而女性對性生活的極度壓抑和排斥容易導致偏頭痛。另外，緊張性頭痛和虛榮心、好勝心強也有很大的關係。

心臟的問題多數和恐懼的情感相關。心律不齊的人常常是極力維持和諧情感的人。正因爲人不能爲情感所動，所以其心臟才會亂動。就像我的公公脾氣特別好，哪怕挨罵，還是會事事遷就婆婆，但他心臟一直有問題。

心理問題軀體化的深層原因

那麼，心理問題爲什麼會軀體化呢？

早期養育裡長期存在的情感虐待和忽視、身體或性的虐待，這些創傷性經歷如果沒有得到解決，就會導致孩子或成年人的心理問題軀體化。

創傷會導致一個人缺乏自我意識，不能確認自己身體的感知和情緒的來源。情緒和我們身體的機能息息相關，比如呼吸、食欲、睡眠、排泄等。因此，創傷導致的壓力和情緒會不斷影響我們的身體，久而久之就會形成軀體症狀。

早期的創傷越重，軀體化的症狀就越難以意識化。比如，一個孩子若在嬰幼兒時期遭受長期的忽視，沒有適時被看見和安撫，那這個孩子就很難有安全感。雖然這個孩子長大後可能不記得自己經歷了什麼，但她的身體會記得一切。

我對此有深刻的體驗。因爲我三歲以前經常被媽媽忽視。聽我媽媽講，我小時候經常是餓了哭，哭著餓。成年之後，只要親密關係受挫，我都會產生一種分裂的感覺。我意識裡覺得分手是最好的選擇，但我的身體像收到了死亡的信號，它記住了創傷時的恐懼、焦慮和絕望，這些導致我無法進食和入睡。

我認識一個被收養的女孩。她的媽媽經常打她耳光，長期讓她承擔繁重的家務。這個女孩長大之後交過多個男朋友，在和男友交往的過程中，她總害怕關係破裂，常常為了討好男友而對男友處處遷就，甚至多次流產。因為沒有得到正規醫院的治療，她已經不能再生育了。她還被診斷患有乳腺癌，因為情緒問題及妊娠中斷很容易導致乳腺癌。這是一個讓人很悲傷的故事，因為沒有得到養育者的愛，她不知道如何愛惜自己的身體。

一個人，只有被好好養育，被媽媽疼過、愛過，才能學會愛惜自己的身體。愛自己，你便能基於內心建立一個「安全基地」。這樣的基地是媽媽在養育過程中逐漸建立的。有了這個安全基地，孩子就可以逐步學會容納和處理自己的情緒，發展自我調節、自我安慰、自我養育的能力。我們之所以能夠照顧自己、愛自己，是因為無論在身體上還是在情緒上，我們都曾被媽媽很好地照顧。

第十課

認同母親：你為什麼和母親越來越像

成為媽媽的翻版

在人生漫長的歲月裡，我們一直都受媽媽的影響。我們不僅身體裡流淌著媽媽的血液，大腦也記憶著和媽媽情感連結的點點滴滴。

也許在經意或不經意間，你會發現媽媽身上那些你討厭的特點，也會在自己身上出現。就像媽媽總是自戀性地貶低爸爸，也許你也會瞧不起自己的伴侶；媽媽總覺得你不夠好，而你也許會覺得自己眞的就像媽媽說的一樣不夠好；也有可能媽媽總是抱怨爸爸、抱怨生活，而你發現自己總是對生活很悲觀。有時候，你會驚訝地發現你的夫妻關係和爸爸媽媽的關係極爲相似。

也許，有的人會說，這是遺傳。事實上，這些一致性的背後是你對媽媽深深的認同。媽媽對她自己、對你、對這個世界的感知和看法，都透過長年累月的情感連結，被你內化爲自己的一部分。曉芳（化名）常常因爲女兒發脾氣而情緒失控。每當女兒發脾氣時，曉芳就感到一種莫名的煩躁和憤怒，因此常常拒絕安撫女兒，甚至對女兒發火，之後又感覺內疚。曉芳發現自己對待孩子的方式和媽媽早年對待自己的方式一樣：無法容納孩子的情緒，孩子哭鬧和哀求時，要麼憤怒，要麼隔離感受，表現得無動於衷。這樣的回應方式會導致孩子越來越黏人，越來越難以安撫。

那麼，曉芳爲什麼會和自己的媽媽一樣呢？你和你的母親是否也有許多相似之處呢？答案是肯定的，相似之處也許是顯性的，也許是隱性的；也許是你欣賞的，也許是你憎恨的。

成為媽媽翻版的生理基礎

一般來說，從胚胎開始到七歲是人類大腦的高速發育階段。在孩子七歲以前，媽媽回應孩子的吃喝拉撒睡和情緒情感的需要是建立情感連結的方式。養育關係裡的刺激會影響孩子大腦的神經元和腦電波，從而塑造其大腦神經系統的運行模式，最後成爲反應模式的生理基礎。

例如，憂鬱型媽媽的臉總是陰鬱的，對孩子的生理需求反應遲鈍。嬰幼兒無法從媽媽的臉上、眼裡看見情感的回應，這會影響其大腦中「鏡像神經元」的發育。而鏡像神經元是「心智化」的生理基礎。心智化的核心功能有兩個：一是理解自己和他人的情緒情感；二是理解情緒情感背後的原因。鏡像神經元發育不足會導致一個人的心智在不同程度上受損。

如果媽媽不能理解孩子的情緒情感，孩子長大之後也難以理解自己和他人的情緒情感。因爲媽媽的恐懼、焦慮和不安等情緒會透過媽媽的臉、眼睛、言行等傳遞給孩子。孩子的大腦和潛意識總是和媽媽同頻，經過長年累月的相處，這樣的同頻塑造了孩子的大腦。

不同維度的自我如何認同媽媽

接下來我們從三個自我的維度解構爲什麼自我會成爲媽媽的翻版。這三個維度分別是軀體自我、情緒自我和表徵性自我。

第一個自我的維度是軀體自我。

精神分析學派的鼻祖佛洛伊德曾經指出，最初和最重要的自我就是軀體自我。

許多對身體和心理的研究指出，每個人的身體裡都存儲著很多自己不記得的事情，特別是有關創傷的記憶。這些是無意識記憶。嬰兒最初的體驗都是生理性的，比如吃喝拉撒睡，這些體驗都被記錄並表現在大腦和身體裡：吃飽後的滿足感、躺在媽媽的臂彎中沉入睡夢的平靜感、無人回應時撕心裂肺的痛苦感，等等。這些身體體驗構成了人們最初也最重要的體驗。

可以說，身體體驗是構成自我的基礎。

因爲家境貧困、處於多子女家庭等問題，孩子的身體需要可能常常被忽視。這些身體需要包括吃喝拉撒睡，也包括情緒的安撫，比如孩子哭泣時需要有人安慰。孩子哭泣在早期是一種交流信號，是在表達餓了、睏了、尿了之類的信息。

如果媽媽在照顧中忽視孩子或粗暴地對待孩子，那麼這些經歷會被孩子的大腦和身體記憶，變成孩子對待自己的方式，這些方式會深深地藏在孩子的潛意識裡。這樣的孩子長大之後，常常不會照顧自己的身體，從而導致身體產生很多毛病，也就是心理問題軀體化。

第二個自我的維度是情緒自我。

情緒是什麼？情緒是某種感受，比如憤怒、悲傷、羞恥、內疚、恐懼、焦慮、喜悅等。情緒判斷具有生存價值。比如，面臨危險時，人們會因爲恐懼的情緒，選擇戰鬥或逃跑。在現實生活中，人們也總是處在各種各樣的情緒中。比如，人們會因爲升職加薪而開心，會因爲父母離世而悲傷，等等。

心理學家彼得·弗納吉（Peter Fonagy）提出，情緒調節是自我發展的基礎，依戀關係是首要的心理環境。在依戀關係中，媽媽的養育方式決定了人們如何對待自己的情緒。具體來說，就是如何獲取、調整和使用自己的情緒。

在生理上，嬰幼兒的情緒總是和媽媽同頻。因此，媽媽喜悅，孩子就開心；媽媽悲傷，孩子就難過；媽媽害怕，孩子就恐懼；媽媽焦慮，孩子也會不安。媽媽的情緒會透過養育環境直接傳遞給孩子。在養育過程裡持續被喚醒的情緒，會通過大腦神經系統和身體細胞的記憶成爲一個人的核心情緒。

媽媽的養育方式既決定了人們的核心情緒，也決定了人們如何調節情緒。如果媽媽總是批評、指責孩子，那麼這個孩子的核心感受就是羞恥感。在長大之後，他會形成自我責備的性格，常常被羞恥感淹沒。爲了迴避這種感覺，他會形成迎合討好的模式，或致力於讓自己成爲完美的人，以此迴避羞恥感。比如，上文案例中的曉芳，她的媽媽無法容納和安撫孩子的情緒，導致曉芳也無法容納和安撫自己孩子的情緒。

第三個自我的維度是表徵性自我。

表徵是資訊在頭腦中呈現的方式。而表徵性自我就是人們在頭腦中感知的自己。比如，我是可愛的、我是有價值的，這種對自己的感知就是表徵性自我。

不難發現，那些深深影響我們的其實是我們對自己的感覺。也許有人會因爲覺得自己沒有價值而迎合討好他人，或是執著於向他人證明自己是有價值的；也有人因爲擔心自己不值得被愛，而不惜一切代價證明自己是值得被愛的。

我們對自己的感知是根據媽媽對待我們的方式形成的。如果媽媽覺得我們是可愛的，我們會內化和認同媽媽的感覺，覺得自己是可愛的；而如果媽媽嫌棄我們，我們也會認同媽媽，覺得自己應該被嫌棄或自己是沒有價值的。人們總是透過媽媽的臉、眼睛和言行來感知自己，從而形成表徵性自我。人們的很多情緒情感和行爲都是圍繞表徵性自我建立的。

總而言之，我們總是在認同和內化媽媽的過程中塑造自我，形成對自己、對他人和對這個世界的感覺。我們的內在自我和媽媽緊密地連結著。也許我們會發現自己是媽媽的翻版，也可能發現自己和媽媽完全相反。事實上，我們和媽媽完全相反也是因爲對媽媽的反向認同，是爲了防禦內心像媽媽的那部分出現。如果媽媽在養育過程中缺席，那麼主要養育者將成爲我們內化和認同的對象。當然，爸爸也對我們有著深遠的影響。

第二部分

如何擺脫
母親對你的影響

第十一課
分離：保持自己的心理邊界

分離與自我獨立之路

自我的發展有兩條路線：一是母嬰之間建立安全的連結，二是孩子與父母心理上的分離。

生命是一場關於分離的旅程，我們會經歷斷奶、上幼兒園、離家求學、結婚生子、離開這個世界等過程。早期的分離是由於隨著孩子的成長，媽媽和孩子之間的情感連結需要更多空間，讓孩子在心理上和媽媽分離。這個時候爸爸的參與至關重要。孩子逐漸獨立、成爲自己的過程，是爸爸、媽媽帶著信任和鼓勵逐步放手，而孩子帶著支持和祝福逐步獨立的過程。

好的養育讓孩子感覺安全，讓他們內在有足夠的心理空間以發出自己的聲音，聽從自己的意願。糟糕的養育，比如忽視、拋棄、控制等，會導致孩子內心充滿焦慮、恐懼和羞恥，讓孩子固守在和媽媽的關係裡，導致他們無法發展自我，無法在心理上獨立。

心裡住著一個媽媽

每個人心裡都住著一個媽媽，我們可以把她叫作內在媽媽。在成長的過程裡，媽媽對待我們的方式會被我們內化到心裡，成爲人格的一部分。

比如，如果擁有一個總指責、批評孩子的媽媽，孩子的內在也會一直存在一個批評的聲音，因此他們會對自己很苛責，或總是在內心投射外界的人批評自己的情境。無論這種批評來自內部還是外部，受到這樣批評的孩子最終都會因爲感覺自己不好而痛苦。

當然，一個對自己孩子充滿愛和信任的媽媽會讓孩子的內在充滿生命力，讓孩子能從容應對人生中的風風雨雨。在《阿甘正傳》裡，阿甘的媽媽就是一個堅強而堅韌的女性，她對阿甘的鼓勵和深深的信任，讓阿甘最終獲得了成功與幸福。

媽媽對待孩子的態度會成爲孩子內在媽媽的聲音，形成核心信念。這個信念會在所有的關係裡影響著孩子的感受、行爲和決定。好的核心信念是力量的來源，而糟糕的核心信念是痛苦的根源。要想改變糟糕的「強迫性重複」，我們就需要改變糟糕的核心信念，勇於和內在媽媽分離。

與媽媽劃清心理邊界

與糟糕的內在媽媽進行分離，這是邁向獨立的第一步，也只是一個開始。這種分離會貫穿成長的全過程。與媽媽劃清心理邊界可以分爲四個步驟：覺察、反思、拒絕、表達。

第一個步驟，覺察。在這一過程中，我們尋找自我核心體驗和信念，識別內在媽媽的聲音。

改變往往始於覺察。你必須尋找內心的聲音，透過它找到自己的核心信念，也就是內在媽媽的聲音。在生活中，我們可以看到四種不同的情況。

第一種，如果媽媽是共生和控制型的，你會深感羞恥和焦慮並害怕分離，你也深信「如果我不好，媽媽和他人就會拋棄我」。因此你可能會形成迎合討好的性格，以此來維持關係。滿足他人的需要會讓你在關係中感到安全。

第二種，如果媽媽經常批評、指責或嫌棄你，你就會堅信自己不好，並因此感覺羞恥。你會覺得「不管我怎麼努力，媽媽和他人都覺得我不好」。有很多人一生都受困於「我是不好的」或「我是沒有價值的」這種糟糕體驗。這種信念會導致一個人執著於被認可或向他人證明自己的價值；也可能形成自我責備的自我攻擊模式，久而久之，這樣的人更容易憂鬱。

第三種，如果媽媽受過虐待或情緒極不穩定，你可能常常經受被威脅的恐懼並因此焦慮。你內心既渴望媽媽，又感覺媽媽和他人是危險的。在親密關係裡，你常常感到失控，因爲你渴望和他人親密，但是一旦與他人變得親近，你又感到不安全，於是你就會做破壞關係的事情。

第四種，如果你的媽媽總是忽視你，不回應你的情感和需要，那麼你可能會感到深深的孤獨和悲傷，以及無法言說的羞恥感。你會覺得「我是不值得被愛的，沒有人會在意我」。因此，在親密關係中，你會隱藏自己，把自己邊緣化，而且還會執著地認爲自己不值得被愛。你也會因爲他人沒有及時回覆你的通訊軟體或電話而焦慮，內心不安，感覺自己做得不好。

如果你仔細覺察，就會發現上文提到的四種情況及其對應的核心關係模式會在你的各種親密關係中重複出現。這是因爲你總會把內在媽媽的聲音投射給他人，進而認定他人會拋棄或批評自己。接著，你會因爲痛苦而做出一系列決定和行爲，這樣就形成了你的人際關係模式。其實，這樣的人際關係模式只是你和媽媽關係模式的重複。

其他的主要養育者也可以用上述情況分析，他們和媽媽對孩子的影響是類似的。

第二個步驟，反思。這一過程可以幫助人們瞭解核心感覺和核心信念是如何影響個人的。

反思就是對自己的感覺、認知、行爲重新進行思考。我鼓勵你在所有的關係裡都進行反思，發展「反思性自我」。因爲內在媽媽的聲音總會被投射到關係裡，所以，只有通過反思，我們才能阻止這種投射，回到眞實的關係裡。

我認識一位叫英子的女孩。在人際關係中，她總是感到別人對自己有敵意，因此常常對他人很防備，搞得人際關係很緊張。實際上，這是英子的內在媽媽的聲音被投射到他人身上的結果，因爲她的媽媽在她小時候就告訴她，爸爸和世界上的其他人都是危險的，都是帶有惡意的。

第三個步驟，拒絕。我們可以設立底線，維護自我。

有了覺察和反思，我們就需要有所行動，心理學將這種能將反思轉化爲行動的能力稱爲反思性實踐的能力。我們需要憑藉這種能力學會拒絕，設立底線，維護自我。這是你的立場，也是最重要的心理邊界。

女兒不敢在媽媽面前設立底線的一個非常普遍的原因是害怕被拋棄，也害怕因傷害媽媽而感覺內疚。

英子的媽媽有嚴重的自戀問題。英子不敢在媽媽面前表達自己的想法，也不敢有自己的情緒。因爲這些都會招來媽媽的怨恨和懲罰。比如，英子沒有及時關注媽媽，媽媽就認爲英子對自己不尊重，會罵英子不孝，或好幾天不和英子說話，這讓英子覺得自己好像做錯了什麼。隨著英子的自我覺察和反思越來越敏銳，她開始意識到，自己在人際關係裡的迎合討好其實都是在迎合討好自己的內在媽媽。

英子在覺察和反思到這些之後，開始對內在媽媽設立邊界。她在心裡告訴自己：「我已經長大了，只要我不拋棄自己，沒有人能拋棄我。」

她開始不再害怕媽媽，會直接告訴媽媽自己的感受和想法。如果媽媽因此不高興，英子也不再去哄媽媽。她覺得自己沒有錯，也沒有不孝順，媽媽需要爲她自己的情緒負責。

這讓英子受益頗多，在人際關係裡她不再討好他人，開始學會拒絕，甚至開始表達憤怒。英子在自我成長的路上越來越獨立。

設立底線、維護自我是一個持續的過程，需要帶著覺察和反思刻意練習。你可以把自己無法拒絕的人和事寫下來，然後有意識地覺察、反思、行動。改變是漫長的，有意識的改變積累多了就會變成無意識的能力。就像騎自行車，一開始感覺很困難，熟練之後就不需要有意識地控制和思考了。

劃清心理邊界的第四個步驟是表達。我們可以溫和而堅定地表達自我。拒絕是一種表達，溫和而堅定的拒絕是一種有力量的表達。當你能覺察、能反思、能拒絕的時候，你就可以開始積極地表達自我，可以對你的媽媽和其他人表達自己的好惡。

剛開始，當自我開始覺醒的時候，我們總是充滿憤怒的，以往壓抑的憤怒會在這個時候冒出來或者噴湧而出。憤怒的背後是攻擊性的表達，允許自己表達攻擊性也是自我成長非常重要的課題。因爲害怕自己變成惡人或者被報復，許多人壓抑了自己的攻擊性，但這樣的壓抑讓人憋屈、羞恥、缺少生命力。即使意識到了這些，你還是要鼓勵自己勇敢表達。也許一開始你的表達有些生澀和膽怯，或者害怕自己的憤怒會帶來毀滅性的後果，此時你需要在心裡思考之後再表達，這都屬於正常現象。總體而言，對於無法表達攻擊性的人而言，表達攻擊性是一個體驗式學習的過程。慢慢地，自我就會越來越能容納和掌控內在的攻擊性，對攻擊性的表達也會越來越自如。

也許，有的時候你會覺得自己表達得很失敗，認爲自己的攻擊性破壞了人際關係，你也許會因此懷疑自我。一方面，當你更能表達自我的時候，你就打破了原來的關係模式。那些習慣被你討好的人可能會覺得不舒服，或者會因此批評你或遠離你，這是很正常的。另一方面，當自我攻擊性表達水準發展到一定程度時，我們越來越能發展出一種溫和而堅定的表達自我的方式。當然，溫和而堅定的表達在很多時候並不容易，在後文裡，我們會逐步提及如何發展這一能力。《非暴力溝通》與《愛的五種語言》這兩本書也可作爲參考。

內在媽媽是你的一部分，從現在開始，你可以每天都覺察、反思自己的核心感覺和信念，學會拒絕他人，學會表達自我，包括表達自我的攻擊性。走出第一步雖然不會立刻讓我們脫離內在媽媽的控制，但這仍是一個非常好的開始。

第十二課

哀悼：直面失去的母愛，找回真實的情感

喪失與哀悼

我們的一生都在面臨喪失，其中有很多是生命中必要的喪失。我們也總是在失去和得到之間行走，比如離開父母意味著獲得獨立，不再年輕的同時生命閱歷也在增加，成爲媽媽必然喪失一部分自由等，這些必要的喪失使我們的生命更加有意義。但是，有很多喪失並不是必要的喪失，比如母愛的喪失。

面對母愛的喪失，只有哀悼才能讓我們放下過去，活在當下。在個人的成長歷程裡，我經歷了漫長而痛苦的哀悼過程。無論

是直視與父母千瘡百孔的關係，還是面對喪失的童年和自我，都不容易。每當想到父母讓自己總是陷入同樣的困境而無力爬出時，我就特別憤怒和絕望。切斷與父母的關係和切斷繩索不一樣，繩索可以一刀兩斷，但心裡的連結是切不斷的。我也曾因爲在生命的困境裡無法擺脫他們的影子而痛恨自己。

我曾經有一段時間很憂鬱，也很憤怒，有好幾年不怎麼和父母聯繫。這個過程讓我深刻地體會到：直視自己童年的創傷，特別是母子關係裡的創傷，是一件非常不容易的事情。

在哀悼期裡，強烈的憤怒、內疚和悲傷常常會擊垮一個人，因此，很多人習慣否認或迴避這個過程。但是，要想走出過去的陰霾，必然要經歷這個黑暗的過程。可以說，面對創傷中的喪失，沒有足夠的哀傷就不可能放下過去，成爲自己。我堅信，不是所有童年創傷的結局都只能是毀滅。直視創傷的目的從來都不是怪罪爸媽和社會，而是找到一條自我救贖之路。

哀悼的過程，即直視現實的過程。直視失去的愛、找回自己的眞實情感要經歷三個步驟。

第一個步驟是直視現實。我們可以覺察自己在與媽媽的關係裡到底失去了什麼。

有的人能清晰地記得童年的經歷，也能深刻地體驗媽媽帶給自己的痛苦；有的人對童年的記憶模糊不清，對自己和爸媽的感情很淡漠；有的人能體驗現實的痛苦，但是無法將其和自己早期的經歷關聯起來；有的人活在過去和現在的旋渦裡，靠理智活著，根本無暇感受和思考。

如果和媽媽的關係讓我們很痛苦，我們就必須學會保護自己。

這種自我保護機制就是心理學上的「防禦機制」。創傷總是需要被防禦或被遺忘，這就造成了現在與過去連結的斷裂。

仔細覺察和感受就會發現，在人際關係裡，憤怒、羞恥、悲傷的背後都是我們渴望被他人看見、理解、支援和回應的情感需要。現實中之所以會出現具有強迫性的重複性事件，其實都源自孩子對媽媽的愛的渴望。

你所渴望的，其實就是你喪失的。

有時候，我們失去了被媽媽全然看見、理解、支持和回應的情感，我們卻常常將其歸結爲自己不夠好。實際上，我們需要哀悼喪失的母愛，需要哀悼失落的自我和童年，不再爲了獲取媽媽的愛而失去自我。

我們需要哀悼「天下無不是的父母」這種信念帶給我們的失落，也需要哀悼也許今生都不可能擁有「理想媽媽」的現實。因爲，在成年人的世界裡，你不可能從他人，包括從伴侶身上獲得理想媽媽的愛。求而不得也許就是最終的結局。

我們可能會爲我們的父母哀悼，因爲他們也從來沒有得到過無條件的愛、接納和尊重。

如果你願意，我建議你給媽媽寫一封信，表達內心的感受和渴望，將所有的憤怒化爲悲傷順其自然地流露。也許，你需要有心理準備，流動的悲傷即哀悼，可能需要很長的時間，至於到底要多長的時間，取決於創傷的嚴重程度和哀悼的能力，以及現實中有多少良好的關係能支持你。

第二個步驟是接納。母愛的喪失如果已經發生，我們要有能力承認這一點。

知道在和媽媽的關係裡失去了什麼後，我們就需要接納這些喪失。這個過程是最困難的，也是最重要的。當我們越來越深刻地意識到喪失時，我們也會越來越憤怒和哀傷。

這個時候，我們可以試著接納自己所有的情緒：不對自己的感受進行評判，無條件地和自己的感受共處。

當你感到對媽媽的憤怒時，以開放的態度去接納它，不要因此批評自己或感到內疚。問問自己此刻憤怒意味著什麼？當憤怒很強烈的時候，關注自己的呼吸和身體的感覺，以此讓憤怒慢慢平息。也許你會在憤怒過後感到深深的哀傷。讓自己與哀傷同在，不需要評判，也不需要與哀傷抗爭。哀傷可能一直持續，也可能時斷時續，我們可以靠近它、接納它，讓哀傷流動，心疼、同情和照顧自己。在適應哀傷的過程中，你會慢慢地進入一種重新審視和理解自己生命的狀態——就像凝視和走進深淵，但相信自己不會被黑暗吞沒。

在這個過程裡，你可以選擇喜歡的方式和自己在一起。你可以試試冥想或正念，比如和內在小孩對話、進行「身體掃描」等練習。

你也可以嘗試通過運動和藝術的方法和自己在一起。比如，搏擊、按摩、瑜伽、舞蹈、音樂、繪畫。另外，書寫也是一個好方法。你可以寫成長故事、情感日誌，給媽媽寫信或模仿媽媽給自己寫信。

就我個人的經驗而言，我經常做的事是書寫。我的經歷常常讓我感到憤怒、悲傷、羞恥和委屈。在很長一段時間裡，我常常把經歷和感覺寫下來，試著和這些感覺共處。每當這個時候，我會放一些自己喜歡的音樂，這些音樂大多和哀傷的感覺相連，常常能直抵內心。我會跟隨音樂帶給我的感受，接納自己所有的感受，直到自己的感受發生變化。

我經常採用的另一種方式是繪畫。我從小就喜歡畫畫，但因爲家境貧寒而放棄。我常常把痛苦和悲傷畫出來，有時甚至只是塗鴉，但這對我很有幫助。此外，身體舒展的方式，比如瑜伽和舞蹈也可以達到很好的效果，特別是對於難以言說的創傷。

每個人都有自己喜歡和適合的方式，這些方式能充分表達自己的感受，特別是憤怒和悲傷的感受，讓我們不帶評判地傾聽、接納我們的感受，讓我們走近哀傷、見證哀傷，從孤獨和羞恥感中解放，達到眞正的自我救贖。

無法哀悼會讓我們卡在憂鬱裡，卡在和內在媽媽的關係裡，導致強迫性重複。在哀傷的過程裡，我們似乎會陷入過去的漩渦，有永遠流不盡的淚水。沒有什麼通用的公式可以幫助我們應對哀傷，因爲每個人的哀傷各不相同，持續的時間也會有長有短。

其實，唯有眞誠的陪伴才能抵禦悲傷和痛苦。因此，我們需要有足夠的耐心，好好陪伴自己。你也可以向好朋友或伴侶尋求支持。如果你仍然感覺無法走下去，可以尋求專業的心理諮詢來幫助自己。諮詢取得效果的核心是諮詢關係。在這樣的關係裡，你所有的情緒情感都能被接納、被理解，你和諮詢師的關係好似母嬰關係，這種關係很適合修復創傷、療癒自我。

第三個步驟是轉化。在轉化的過程中，我們會逐漸找回眞實的情感，與現實生活進行連結。

每個人都有自我療癒的力量，在經歷令人迷惘和崩潰的喪失之後，如果我們應對過足夠的哀傷，轉化就會自然而然地發生。我們將重新找到方向，找回眞實感。我們會變得輕鬆，就像痛快地哭過一場之後感到輕鬆一樣。

當我們不再因爲害怕而給自己設置保護殼時，我們就可以在現實生活裡活得眞實。比如，你不會去迎合討好每一個人，因爲你接納了自己「雖不完美，但很可愛」的事實。

十幾年前，我還是一個不能表達憤怒的乖乖女。二〇〇八年，我參加了一個學習團體，當時有個練習是團體成員要彼此分享對他人的感覺，這是一個鏡子練習，這個練習可以讓我們在他人眼裡看到自己。多數成員對我的感覺是「完美」、「挑不出什麼毛病」。我隱約感覺哪裡不對勁。後來我才知道，因爲內心害怕別人覺得自己不好，我總是尋找正確的事情做。我有著高超的「僞裝術」，這讓我成爲乖乖女、好學生。我也害怕表達憤怒，因爲這會讓別人覺得我不好。

二〇〇九年，因爲現實的困境，我陷入了憂鬱和焦慮，感到非常悲傷。我開始進行一周二次的個人體驗*，還參加了一個動力成長團體。我逐步意識到，以前我以爲只有成爲乖乖女才能獲得愛和認可，爲了獲得愛和認可，我一直努力成爲優秀的人，但事實並非如此。我開始對我的父母表達憤怒，我不想再隱藏眞實的自己。於是我從乖乖女變成了團體成員口中的「小鋼砲」。

幾乎沒有青春期的我，在三十一歲的時候進入了「青春期」，也開始了漫長的哀悼和成長期。這個過程花費了好幾年的時間。最終，我在很大程度上從過去解脫，卸下僞裝，做回自己。

* 編註：請臨床心理諮商師對自己進行一對一的諮詢。

我知道這一路走來有多艱難，所以我也理解直視現實、接納悲傷、完成哀悼是一個非常艱難的過程，但是，請別放棄，這一切最終都是值得的。

第十三課
自愛：療癒母愛缺失的創傷

我們要直視母愛缺失的創傷，並且哀悼我們失去的母愛，哀悼我們失去的重獲母愛的希望，這是一個漫長而艱難的過程。在憤怒和哀傷之後，有一天，我們會開始心疼自己，開始愛自己。這是一道曙光，當你開始愛自己、心疼自己，就意味著你開始走出來了。就像在一間黑暗的房間開了一扇窗，窗外的陽光透進來，你就會看到窗外的藍天，終有一天，你會輕鬆地漫步在陽光下。

我們先看看無法愛自己的深層原因。

如果你不喜歡鏡子中的自己或對鏡子中的自己感覺陌生，這映射了你內心對待自己的眞實態度：你認爲自己是不好的或不值得被愛的。

這些認爲自己很糟糕的態度源自早年沒有得到父母足夠的愛意和讚賞的成

長經歷。也許，你在童年時期被父母忽視，或因爲女孩身份而被嫌棄、被不公平對待，或被要求成爲一個完美的女兒，就像電視劇《小歡喜》中的英子，考了年級第二，媽媽還是覺得她可以考得更好，還需要更努力。這些經歷都會讓你感到失去了生命的意義，因爲無論你怎麼努力，都無法讓自己變好。

如果內心認定自己是不好的，我們就會戴上虛假的面具。這使我們盲目追求成功，迎合討好他人，掙扎著向他人證明自己的價值，或在內心認定一切都沒有用，從而掉入憂鬱的黑洞。這些做法會讓我們失去自我，無法自愛。這些做法也會在某種程度上影響我們的人格，讓我們憎恨自己又無法擺脫這份憎恨。

愛自己才能讓我們重獲喜悅、安寧和滿足感。愛自己也意味著從母愛缺失的創傷或童年創傷的困境裡走出來，獲得自我療癒的能力。

自愛首先是自我接納。

要接納自我需要有意識地從自我攻擊的模式中走出來，接納自己的不完美，這樣才能眞正愛自己。

在臨床諮詢中，我發現有很多來訪者都有自我批判、自我厭惡的情況。實際上，這是一種自我攻擊。這樣的模式會導致自尊持續低下，自我感覺糟糕，從而陷入拖延或憂鬱的狀態。

自我攻擊伴隨著很多對自己的糟糕評價和歸因。一方面，自我攻擊者會不斷使用糟糕的詞彙定義自己，比如：沒用、笨、懶、醜等。自我攻擊者使用這些詞彙的時候往往是無意識的。另一方面，自我攻擊者的歸因也存在以自我爲中心的傾向。他們會將任何事情的失敗都歸因爲自己，而忽略外在的客觀現實。就像一個陷入憂鬱的女孩感到無力應對工作和生活，常常感到不想動，但是，她認爲這是因爲自己懶惰而不是憂鬱。因爲她的父母認爲，如果不是因爲懶惰，爲什麼連把衣服扔到洗衣機裡這樣簡單的事情她都不做。

自我攻擊伴隨的另一種情況是，自我攻擊者取得成功或獲得他人讚賞時會覺得這是運氣好或者他人的讚賞是違心的。終究，他們覺得自己是不好的。他們也能在各個方面找到自己不好的證據。在臨床諮詢中，我常常需要和來訪者探討及檢視他們對自己的感知，那些所有對糟糕的體驗和解釋，真的現實嗎？還是只是他們內心的自我挫敗和攻擊的信念？

除了陷入自我攻擊，還有一些模式會讓你持續處在糟糕的情緒裡。比如，對自己有不切實際的高預期，結果往往以失敗收場。一些看似擁有全能而誇大自體的人總是幻想巨大的成功，比如，如果在股票投資裡虧了現金，他們就會賣房炒股，想像自己一定可以把虧的錢賺回來，結果虧了血本，這種人也可能把問題的解決方案想得太過複雜。有拖延症的人對於將要做的事情往往有著完美的追求，在他們的感覺裡，事情會變得棘手無比，結果是，他們還沒有開始做事情，就已經被自己的想像「壓垮」了，這樣的幻想常常讓人既焦慮又無力。

基於上面的模式，也許你可以帶著覺察和反思找出自己的自我攻擊模式，你也可以寫下三到五個評價自己特質的負性詞彙或自我攻擊模式，找到這些可以讓我們有意識地進行改變。這個改變的核心方式是覺察、反思自己認爲的「事實」是否眞的是事實，還是它們只是自己內心的聲音向外投射的結果。除了這些可能性，還要思考是否還有其他的可能性，這樣可以讓我們更多地活在現實與當下，而不是活在自己想像的世界裡；讓我們拓展思維的寬度，而不是局限在自己的經驗範疇裡。

就像針對一件事情，我們需要有A、B、C等不同的維度和視角，而不能只有A視角。比如，一位要照顧兩個孩子的媽媽，出門之後發現自己忘記給孩子帶水了。自我攻擊的媽媽就會責備自己不好，或者責備孩子吵鬧影響了自己。這樣的思考就只體現了A視角。而事實上，還有B視角是基於現實的思考，兩個孩子出門要帶的東西非常多，而且臨出發前孩子出現異常情況也是常事。在這樣的情況下，忘記某些事項是很正常的，這既不是因爲誰不好，也不是誰的錯。

瞭解自我攻擊的模式後，我們就可以嘗試接納自己的不完美。因爲，要眞正走出自我攻擊的模式需要接納自己的不完美。事實上，我們每個人都是不完美的，但我們可以成爲更好的自己。或者，如心理學家歐文·亞隆（Irvin Yalom）在回憶錄《成爲我自己》中所說：「你也許不能成爲更好的自己，但可以更好地成爲自己。」

接納自己不完美的第一步是找出自我攻擊的模式，通過覺察和反思，發展積極的自我對話，即發展觀察性自我。

＊編註：出生於加拿大的音樂家、詞曲作家、歌手、小說家、詩人、藝術家。

很多人內心往往認定自己不好，但是又無法接受，因此常常在人際關係裡有強烈的羞恥感。假設他們在人際關係裡「出洋相」，或在工作時犯了一個錯誤，就會陷入巨大的羞恥感，要麼假裝若無其事，要麼爲自己辯解；他們也可能因此對自己憤怒，或是「惱羞成怒」地遷怒於他人。

在大學剛剛畢業的時候，我還是一個靦腆而自卑的女孩。有一次，老闆把我叫到辦公室，讓我給他的一個重要客戶打電話催款。辦公室裡除了老闆，還有很多重要的客人。我感到非常緊張和不安，不過還是硬著頭皮撥通了電話。但是，當客戶接起電話的時候，我感覺自己的大腦像短路一樣，臉漲得通紅，一句話也說不出來。大概一分鐘之後，我才羞愧地掛了電話衝出辦公室，我感到無地自容。

在之後的很長時間裡，我都感覺自己很糟糕，強烈的羞恥感幾乎把我淹沒。我沮喪了很長時間，陷入了自我攻擊的模式。成長之後，回頭去看過去的自己，我才逐漸接受自己的成長是一個過程，接受自己曾經是一個「菜鳥」，接受自己現在在某些方面也還是「菜鳥」，我開始有更多的覺察和反思，能更客觀地看待自己，這是我逐步走出自卑的重要歷程。

如今，我已經在心理學領域學習和工作了十三年，我的很多老師都七、八十歲了，他們還在不斷學習。他們教給我的是：帶著不完美往前走。

接納自己的不完美的第二步是打破「別人會怎麼看你」的魔咒。我們往往把定義自我價值的權力交給了他人，這是痛苦的根源。

比如，你渴望得到權威人士的認可，他們的一個眼神、一句話就可以讓你自我感覺良好或感覺糟糕至極；朋友圈裡的按讚數似乎也能決定別人是否喜歡你、認可你。

十幾年前，第一次被邀請做講座時，我非常焦慮，我害怕自己講不好，也害怕別人發現我的不好。幸好我的韌性讓我縱然承受焦慮也能不放棄。

我內在的一個聲音告訴我：如果因爲恐懼而放棄了這個機會，也許你這輩子都不可能再走上講臺。這個經歷讓我開始對自己有了一些信心，但是，我並沒有就此克服演講焦慮。多年以後，廈門大學邀請我給學生做大型講座，這次講座的聽眾是四百多名學生，爲此，我又一次陷入了焦慮和不安。

整個心路歷程的核心其實是我預設自己不好，並且害怕讓別人看見我的不好。而我總結的經驗是：往前走，用事實打破幻想，結果往往並不像自己設想的那麼糟糕。

同時，我們也需要認識到，自己不可能讓所有人都滿意，也不可能讓別人一直滿意。我們總在設想生活應該如何進行，卻常常忘記了，對於現實，我們眞正能控制的部分遠比我們認爲的要少得多，因此，看清生活的眞相，可以讓我們更好地接受自己的不完美。

爲了能夠自愛，在自我接納之後，我們還可以自我取悅和自我關懷。

首先，我們要學著無條件地接納自我。無條件地接納自我，說起來容易，做起來難。這意味著你要接納你的身體，接納你的拖延，接納你不是父母眼中的完美孩子，接納你不是人群中最優秀的那一個，等等。無條件地接納自我也包括接納自己的負面情緒，比如，當你痛苦悲傷時，不認爲自己脆弱；當你恐懼害怕時，不責備自己懦弱。

萊昂納德·科恩在一首歌中唱道：「萬物皆有裂痕，那是光照進來的地方。」只有放下僞裝，無條件地接納自己的每一面，我們才能成爲更完整的人。

其次，我們可以表達自我，做自己喜歡的事情。

表達自我意味著你可以拒絕他人、設定邊界、維護自我。表達自我也意味著拋開那些自我限定，做你喜歡的事情。請相信「我是値得的」，發掘並滿足自己的需要。你可以試著列出此生想做的五十件事情，從其中最容易的開始實踐，努力成為你自己，不悔此生。

最後，希望你能照顧和關愛自己的身體。好的身體是美好生活的基礎，所以，從現在開始，去照顧和關愛你的身體。健身、徒步、瑜伽、冥想、推拿、美容等，選擇你喜歡的、更容易堅持的，讓自己動起來。身心是一體的，這些運動和自我關愛的方式會讓你的身體和心靈更加愉悅。

捨得為自己花錢，也是愛自己的重要方式之一。

第十四課

和解：重建健康的母女關係

我和媽媽的關係經歷了一個漫長的哀悼及和解期。在很長的一段時間裡，我都是乖乖女，直到成爲「小鋼砲」，我才開始接納和表達自己的攻擊性。無論在情感世界裡還是在個人發展上，我都一度因爲自己的創傷而深陷困境，並因此對我的父母感到怨恨。後來，我開始逐步理解，在那個時期，我的家族開始沒落，我的伯父、伯母相繼去世，我的父母需要照顧自己的三個孩子，而解決溫飽成爲核心問題，對於其他問題，我的媽媽疲於應對。

逐漸理解家族歷史和父母的創傷後，我開始慢慢地諒解他們，也開始接受自己所經歷的一切。哀悼並和解是一個緩慢的過程，在這個過程中我越來越堅定，我不想被自己的創傷所定義，也不想被自己的恐慌所控制，我學會了接受、理解和原諒。這個成長的結果讓我在各種關係裡的情感變得更加流動，我可以表達自己、堅持自己的立場，也可以諒解他人。

在這個漫長而艱難的過程裡有四個部分貫穿和解的全過程。第一部分與第二部分是憤怒和哀傷。

我們需要直面喪失，對母愛、童年及希望的失去表達憤怒和哀傷。憤怒和哀傷是和解的必經過程，而阻止我們對父母表達憤怒和哀傷的，常常是不講道理的內疚感。

如果羞恥感的產生是因爲感覺自己不好、沒有價值，那麼內疚感就是覺得自己做錯了事情。我們常常被教育，抱怨媽媽或違背媽媽的意願是「不孝順」、不應該的。在某些家庭的孝道觀念裡，「順」是核心，只要子女不「順」著父母，就是不孝，這常常讓子女承受巨大的內疚感。而接納憤怒和哀傷的核心是消除自己的內疚感，堅定自己作爲獨立個體的權利。

在表達憤怒時，我並不鼓勵和父母硬碰硬。假如你的憤怒無法抑制，直接表達會帶來嚴重的後果，我建議你練習搏擊等對抗性體育運動，以此發洩你的憤怒；或找諮詢師，在安全的空間裡表達憤怒。

當不得不放棄對理想媽媽的期待時，我們除了憤怒，還會感到非常悲傷。有的時候，悲傷的背後還有深深的絕望，那種感覺就像是碰到困境回頭看時，發現自己孤身一人，沒有可以依靠的人（這種依靠往往指的是情感上的依靠）。喪失母愛以及喪失從他人身上重獲父母之愛的希望，總是讓人非常悲傷和絕望。讓悲傷流走是直視絕望、走出創傷的必經之路。

第三部分是接受。

一直以來，我們都在爲獲得媽媽的愛和認可而努力奮鬥，我們致力於成爲「他者」，而不是成爲自己，在某種程度上，我們只是自我生命舞臺上的「傀儡」。我們一直希望媽媽會有所改變，但在多數情況下這是不可能的。我的來訪者總是問我：「如果連媽媽都不愛我，那還有誰會愛我？」失去母愛或面對媽媽自私的愛，確實會讓我們懷疑一切，對愛失去信心。

我們不得不去思考：如果現實無法改變，那我們應該怎麼辦？我想，除了直面現實，接受發生的一切，別無出路。我們需要接受：我們既改變不了過去，也改變不了媽媽，更改變不了父母爭吵和離婚的局面，等等，但過往的種種都不是我們的錯。

有的人無法接受自己改變不了媽媽、改變不了歷史的事實。這就會導致強迫性重複：要麼和媽媽糾結一生，想要改變媽媽或婆婆；要麼改造伴侶或者孩子。但是，凡此種種往往都以悲劇收場。所以，在我們強烈地想要改變某人或者某事的時候，需要反思我們到底想通過改變得到什麼。

有些心智受損的人無法接受創傷，比如自己被忽視或被嫌棄的經歷。這樣的人往往會認爲，自己情緒失控或憂鬱是因爲「遺傳」，或是因爲自己懶、笨、沒用，等等。

如果你無法接受這一切也不要緊，也許你需要更多的時間，也許時機未到。我們也可以坦然接受自己「無法接受」這一事實。

第四部分是原諒。

接受很難，原諒更難。原諒並不是忘記、否認你的經歷和傷害，原諒也不等於認同那些傷害行爲。原諒代表對傷害行爲的承認，代表對痛苦感受的接受，代表對父母過錯的不予追究。原諒那些非故意的傷害，是種積極的方式，有助於療癒傷痛。

原諒是對媽媽的理解，理解她成長的歷史，理解她遭受的一切。在臨床諮詢中，我發現來訪者的父母大多是創傷的受害者。我聽過很多上一輩的故事，有的在年幼時就失去了父母，有的被當作童養媳養大並結婚，也有的因爲女性身份被嫌棄和被不公平對待，還有的被虐待、被遺棄，等等。父輩的創傷，因爲各種原因，無法被看見和修復。所以，創傷被代際傳遞，使我們成爲創傷的第二代或者第三代受害者。

也許，你可以嘗試瞭解自己爸爸、媽媽的成長歷史，看看他們的人生經歷了什麼、他們是怎樣的人，等等。把他們作爲獨立的個體去完整地看待後，看看你的內心會發生什麼變化。

原諒意味著你不再覺得自己是個受害者，不再用創傷來定義自己的人生。從受害者心態中解脫，正是康復的眞正標誌。

當然，有些事情無法原諒，就像我們不能容忍有人在身體和情感方面虐待孩子，不能容忍那些忽視孩子最基本的需要和權利的人。在眞實的世界裡，有些行爲是難以被原諒的。

原諒並不意味著承認那些曾經的傷口不存在，即使那些傷口不再化膿，也會永久地留下疤痕。如果你很難原諒或無法原諒那些傷害，那麼就接受自己還沒有準備好或自己無法原諒的事實。

經歷了前面的四部分，我們就可以建立健康的母子關係了。建立健康的母女關係的基礎是把自己和對方當作獨立的個體來看待，保持雙方的邊界，建立彼此尊重的界限。爲了建立健康的母子關係，根據媽媽的不同類型，我們可能需要採取不同的方式。

建立健康的母女關係的核心是設立底線、建立邊界、放下期待、做回自己。

如果你的媽媽無法和你分離，總想控制你、影響你，就像電視劇《小歡喜》中英子的媽媽，那麼你的唯一出路就是堅定地設立底線、建立邊界，並且放下對媽媽的期待，做回自己。

如果你感到很難讓媽媽尊重你的獨立性，那麼我建議你和媽媽保持一定的空間距離，比如儘量不要和媽媽住在一起，或在一段時間內不跟媽媽接觸，這會讓你獲得成長的時間和空間。當然，讓自己保持經濟獨立也至關重要。

面對忽視或嫌棄你的媽媽，在經歷了哀悼期之後，你才會放下過去，放下期待，做回自己。而對於曾經虐待過你的媽媽，是否接受和原諒，是否重新建立連結，你要尊重自己的意願，不勉強自己。如果你卡在無法和解的痛苦裡，你也可以考慮找諮詢師來陪你走過這一段成長的路程。

這是一個漫長的過程。當你越來越尊重自己的感受和意志，越來越反對媽媽的控制、批評和定義的時候，母女關係常常會在一段時間內陷入非常緊張的狀態。一開始，我們會對媽媽有很多的憤怒，對於任何人而言，這都是很正常的，很少有人在被不好地對待後還能內外一致地與對方相處，更何況這個人是自己的媽媽。同時，憤怒本身也可以製造距離，這個距離就像一個保護屏障，讓你可以暫時脫離現實裡媽媽帶來的痛苦，有時間和空間處理、消化內在與媽媽的關係，從而在心理上逐步與媽媽分離。

在臨床諮詢中，我陪伴很多來訪者走過和媽媽分離的心路歷程。就像來訪者露露（化名），她和媽媽從共生走向分離，經歷了漫長而艱難的過程。在設立底線和建立邊界上，她拒絕了媽媽希望和她一起住的要求，也堅決地告訴媽媽：不要和她說爸爸的不好。她也不再動不動把自己的事情告訴媽媽，不再事事回應媽媽。這樣堅持了一年多，她的媽媽才逐步習慣了新的模式。當然，這樣的方式並不是她媽媽喜歡的，所以她的媽媽需要時間去接受新的關係模式。

漸漸地，露露開始找到自己內心的聲音和感受，開始走向獨立。

建立健康的母子關係的原則是，學會溫和而堅定地表達自己。作爲成年人，如何處理與爸媽的關係並沒有規定。每個家庭的關係及背後的動力都非常複雜，家庭關係的緊密程度和問題的嚴重程度也各有不同，關鍵在於明確自己作爲獨立的個體，需要尊重自己的感受、需要和意志。我們可以圍繞目標，深思熟慮，做出能夠保護自我、尊重自我的選擇。

對此我深有體會。我的婆婆希望我成爲「全職媳婦」。因此，她對我的獨立性非常不滿。她常常像個「監工」，凡事都想過問和參與。

事實上，這是一場「權力的鬥爭」。受益於心理學和自我成長，我學會了設立底線，建立邊界，我也很清楚我是怎樣的人。有一次，我的婆婆責備我「不顧家」，我非常堅定地告訴她：「媽，你的人生一直以來都是你說了算，我的人生我要自己做主。」她非常生氣。我並不想和她理論，我只是告訴她我的決定，傳遞我堅決的態度。我很清楚，我不可能成爲受她控制的所謂「顧家的媳婦」。

因此，在成長的路上，要堅定你想成爲的自己、尊重自我的選擇，雖然這是一件非常有壓力和張力的事情。滿足了那些沒有邊界、想控制你的人，你就終究無法做自己。做自己也必然會讓那些想控制你的人生氣和憤怒，但那是他們的事情，作爲成年人，我們無須爲他們的情緒買單。

第十五課
認同：尋找真實的自己

自我認同的概念

自我認同是一種對自己所思所做的認可感，簡單地說，自我認同就是穩定地認可自己。自我認同的內容是由個人經歷建構的。比如，如果爸媽能溫暖而穩定地愛孩子，孩子就會形成穩定的被愛的感覺，覺得自己是有價值的、是值得被愛的。在形成這些感受的基礎上，孩子會進一步形成自我感知：我是誰，我是怎樣的人，我的個性和能力如何，我想做怎樣的人，我的願望和理想是什麼，等等。這一系列感覺和認知是基於經歷、感知和反思形成的穩定的自我認同。

自我認同水準高的人內在衝突少，不容易受外界的影響，自尊水準高，這樣的人不會過分迎合討好他人，對事情有一種勝任感，對成功感到喜悅和自豪。這種人會持續地向「理想自我」發展，在發展過程中，對自己有持續的滿意和滿足感。可以發現，要想找到眞實的自己，就需要完成自我認同。

比如，現在我能比較穩定地感知我是一位獨立而自信的女性，我很明白我有堅韌的生命力，這讓我度過了人生的很多困境，我也很喜歡自己這樣的特質；我明白並接納自己並不是一個完美的女兒和母親；我喜歡心理學，我堅定地追求我喜歡的一切，即使有人反對也不放棄；我認同我心理諮商師的身份，並且喜歡這樣的身份；我理想中的自己是一個獨立而內心自由的女性，我能成爲自己、成就自己。

當然，在這些感知的背後還有很多細節，包括我會將後半生投入與女性議題有關的發展和研究；希望通過學習、成長和分享，幫助更多的女性。當然，這是一條漫長而艱難的路，不過，我相信堅韌的生命力是有感染力的。也許此刻，你也有很多感受和思考，那麼你也可以試著拿起筆，寫下你對自己的理解和思考，想一想自己是怎樣的一個人。

自我認同的失敗

自我認同一般會在青春期劇烈動盪，在成年之後趨於穩定，之後不斷完善。在臨床諮詢中，我發現很多來訪者沒有眞正完成自我認同，他們不知道自己是誰、想成爲什麼樣的人、想過什麼樣的生活，等等。

無法眞正地完成自我認同可以被理解爲自我認同失敗，這樣的結果是我們無法成爲眞實的自我。自我認同之所以失敗，是因爲在成長的過程裡，我們無法認同父母眼中的自己。

上文曾提及，我們對自己的感覺是透過媽媽或主要養育者的養育方式形成的。也就是說，如果爸爸媽媽嫌棄你或批評指責你，你就會覺得自己很不好、很笨，等等。這些對自己來說很糟糕的感覺，源於我們對父母的認同。這樣的認同是痛苦的，因爲沒有人願意接受自己是不好的或自己不值得被愛這樣的想法。

通常的情況是，你認同父母對你的一部分糟糕的看法，不認同父母的另一部分看法，你渴望產生「我很好」的感覺。這樣就形成了心理衝突，導致一個人一生都在追求他人的認可，即溫尼科特所說的「假自體」。當然，如果父母覺得孩子是好的，並且把孩子當作獨立的個體來尊重和愛，那麼孩子就不會產生自我認同的衝突，他們的內心就會形成穩定的「我很好」的感覺。

女性身份認同

身份認同是自我認同的一部分。

如果有人問你下輩子還想做女人嗎，你的答案是什麼呢？在很久以前，我會回答說，想做一個男人。

當然，我現在會覺得那個時候自己其實對女性身份並不認同。最初的形成原因是爸媽的重男輕女。後來，我發現女性時常被不公平對待，被當作附屬。很多家庭裡父母都渴望生男孩。莫言的作品《豐乳肥臀》就表達了女性的苦難和困境。那麼，作爲女性，我們該如何認同自己的女性身份呢？

一方面，我們不能認同男尊女卑的落後文化，不能認同女性作爲附屬或他者。很多時候，作爲母親和妻子，女性被鼓勵付出和自我犧牲，而女性作爲獨立個體的自我價值部分卻被忽視了。

獨立的個體意味著被尊重、能追求個人理想，所以，我鼓勵女性發展作爲獨立女性的部分。比如，我的婆婆要求媳婦「顧家」，所謂顧家就是完全圍繞家庭生活，包括帶孩子、做家務、照顧她和我的丈夫，等等。當然，我沒有如她所願，因爲在我的價值觀裡，我除了是媽媽和妻子，我還是我自己。

這種根深蒂固的對女性身份的不認同是一件很悲哀的事情，這種思想通過一代又一代的母女關係傳遞。多少母親在還是女孩時就被嫌棄、被不公平對待。長大之後，這些受到傷害的母親想要生兒子，因此對自己的女兒有深深的厭惡或嫌棄，或者感到深深的失望。這些母親的深度認同成爲她們自我認同的核心部分，擁有「生了兒子的母親」的身份似乎是她們生命唯一的價值。她們沒有發展出獨立的自我，而是依附於外界定義的自我。當然，我也發現，這些母親常常也只有在認同男尊女卑觀念後才能融入環境，這是她們爲了生存做出的選擇，既讓人悲傷又讓人悲哀。

另一方面，我們需要接納女性身份所擁有的力量，包括堅韌的、包容的、溫暖的、溫柔的特質，接納它們，發展它們，讓這些特質成爲你自己的一部分。接納和展示自己作爲女性的漂亮與優秀，讓自己美麗動人、婀娜多姿，這並不是在取悅男人，而是在表達自己的喜好。

因爲在原生家庭中被父母嫌棄，有些女性會不認同自己的女性身份，反而發展男性特質，嫌棄和隱藏女性特質。比如，有的女性一身男子氣概，性格剛硬；有的女性拒絕穿裙子，不打扮。我在青春期時也曾有好多年不穿裙子，只穿褲子，特別是牛仔褲，這其實就是對女性身份的不認同。

當然，最典型的不認同自己女性身份的表現就是想生兒子、嫌棄或厭惡女兒。這樣的女性將對自己女性身份的不認同投射到自己的女兒身上，於是怎麼看自己的女兒也喜歡不起來。

重新完成自我認同，尋找真實的自己

自我認同是個人成長中非常重要的議題。哀悼與和解是重新進行自我認同的好機會。要重新完成自我認同、尋找眞實的自己，需要反思和改變，接納自己的不完美，獲得自我的獨立性。

擁有假自體的人會迎合討好他人，渴望別人的認可，並且常常自我否定、自我懷疑和自我厭棄。這些都源於她們無法接納自己的不好，也害怕別人看見自己的不好，因爲自己不好就會被父母嫌棄或者拋棄。因此，要獲得更完整的自我認同，你需要接納自己的不完美，同時尋找自己的優勢，這就是眞實的自己。任何事物都有兩面性，我們需要接納自己好和壞兩個部分，以獲取一種整合感。

眞實的自己是一個獨立的個體，有作爲獨立個體的權利和責任。我們需要有意識地不認同父母對你的糟糕評價，有意識地不完全按父母的意願活著，相信自己可以成爲眞實的自己。爲了獲得自我的獨立性，我們可以「背叛」父母的一些期待，可以不必一切都認同父母。

即使這樣，也不意味著我們就找到了自己，進而能成爲自己。如果自我身份是混亂的，我們不知道自己是什麼樣的人、想要成爲什麼樣的人，或者我們知道自己不喜歡什麼，卻不知道自己喜歡什麼，那麼完成自我認同就需要一個漫長的過程，這時，也許尋求專業的諮詢會是一個好的方式。

曉悅（化名）是一個聰慧而漂亮的年輕媽媽，經濟獨立。她來找我是因爲感覺自己帶著厚厚的面具，活得戰戰兢兢。比如，婆婆或鄰居一個不高興的表情就會讓她感到害怕，擔心自己是不是做錯了什麼。她在意所有人的眼光、臉色，總是爲此焦慮不安，這讓她事事迎合討好他人。

曉悅的媽媽嚴重自戀，要求曉悅做任何事情都要以她的感受爲中心，如果曉悅不如媽媽的意，媽媽就會責晰她，甚至幾天不和她說話。同時，媽媽更疼愛曉悅的哥哥，曉悅國中畢業就輟學打工，賺錢供哥哥讀書。

曉悅有著堅韌的生命力，她需要重新完成自我認同，成爲眞實的自己。這是一個艱難的過程。她需要哀悼失去的理想媽媽，哀悼失去的自我，去面對、接納和實踐自己即使不好也不會遭到報復或拋棄的信念。她也需要反對媽媽的嫌棄，基於現實認同自己是一個聰慧和獨立的女性。事實上，她有很好的生意頭腦，這讓她在事業上獲得了成功。在經過自我成長之後，她開始享受自己好的部分，也開始接納自己在某些方面不夠好，從而走上自我認同的道路。這是一個成長的過程，而不僅僅是一個結果。

第十六課

發展：成為更好的自己

成爲更好的自己，就要在自我認同的基礎上持續向理想自我發展，成爲更好的自己。

理想自我：更好的自己

理想自我就是理想中的自己。我們每個人都有現實自我和理想自我，理想自我常常很美好，而現實自我很「骨感」。比如，你理想中的自己是充滿自信的，而現實中的自己很自卑；你理想中的自己是自由而無所畏懼的，而現實中的自己處處在意他人的評價和認可，謹小愼微；你理想中的自己可以在人群中侃侃而談，而現實中的自己孤僻且孤獨，等等。

我們會看到，理想自我和現實自我之間往往存在距離。

如何實現理想自我呢？我認爲，合理的理想自我加上持續的努力。我的理想自我是成爲獨立而自由的女性，包括經濟和人格的獨立。因此，我選擇努力工作，以確保自己經濟的獨立性；同時，在人格方面，我追尋自己的夢想，做自己想做的事情，努力成爲自己想成爲的人。

比如，我熱愛精神分析，我想成爲專業而資深的諮商師，並在女性議題上有所建樹，這也是我的一個重要的身份認同。在有了明確的理想自我之後，就需要持續的努力和付出，這個過程會有許多阻力。我的情況是，上有老人，下有兩個孩子需要照顧，我常常感到有壓力，也會陷入困境。我選擇不放棄，但也深感其中的困難。

對於很多人而言，無法實現理想自我的原因要不是不知道自己的理想自我是怎樣的，在追求的途中迷失了自我；要不是在追求理想自我的路上放棄了。

如果你找不到理想自我，可以試一試通過尋找青少年時期的夢想，或想像未來十年或後半生你想要過的生活、想成爲的人，或者想像你最喜歡的偶像的特質，並從中找到理想的自己具備的特質。如果還是不清楚也沒有關係，你可能還需要一些時間，要允許自己慢慢來。

如果你有清晰而合理的理想自我，但總是實現不了或感覺遙不可及，這可能是你的自我挫敗模式導致的。你可能會因爲他人一句負面評價或一件事情的失敗而全盤否定自己，從而陷入自我攻擊的模式。一旦陷入這個模式，你就會認爲自己是無能的、笨的、是一個失敗者，等等，接著就會放棄對理想自我的追求。結果就是，你無法實現理想自我。而在自我攻擊的背後，會有一個體驗中的自我，這個自我比現實自我還糟糕，與理想自我的距離更遙遠，這常常是深深的羞恥感和無助感的來源。

如果給自己定了太高的理想自我，又想一蹴可及，那麼結果往往是失敗。比如，你想成爲某個領域優秀的人才，但又接受不了從「菜鳥」開始發展的過程，不願接受漫長的努力過程，這樣就很難達到心中的理想。這樣的心理機制常常隱藏著巨嬰的心理，因爲內在有一個全能的體驗性自我，這個自我離現實自我和理想自我都非常遙遠。

我們總是走在實現理想自我的路上，而理想自我也在人生的路上不斷改變。這樣的過程讓生命變得有意義，讓我們充滿動力。一個人無法堅持實現理想自我的方向，往往是因爲無法承受努力過程裡的失敗，也害怕他人看見自己的失敗。比如，有的女性在孩子小的時候可以安心地做全職媽媽，但是當孩子上了小學，她可以開始著手自己的規劃和事情的時候，情況就變得非常艱難。其中一個原因就是在幾年全職媽媽的生活中形成的方式讓人心生恐懼，面對未知和不確定性，她必然會產生恐懼。另一個原因可能是媽媽內心其實本就沒有找到理想自我的方向，過往經歷裡沒有得到父母心理上支持的孩子，常常找不到自己的方向，就算知道自己要做什麼也堅持不了多久，在碰到困難的時候很容易放棄。

實現理想自我有兩個核心要素：一個是發展積極自尊、建立自信；另一個是爲自己負責，突破自我限定。

發展積極自尊，建立自信，朝向理想自我

要想實現理想自我，成爲更好的自己，那麼我們就需要提升自尊水準。你

的自尊水準越高，你的內在就越有力量，你也就越自信。自尊是在內心深處對自身擁有的價值深信不疑。發展積極的自尊指無條件地接納自己，充分意識到自己既有優點又有缺點，可愛而不必完美。

發展積極自尊要接納自己並正視資源取向。一方面，我們需要接納不完美的自己，另一方面，我們需要發展積極的自我陳述。

尋找令你產生共鳴的偶像，將之作為一個理想自我，他身上定有能激勵你的特質，這會讓你感到生命的力量。我內心最喜歡的女性之一魯斯．巴德．金斯伯格（Ruth Bader Ginsburg），是美國最高法院歷史上第二位女性大法官，她憑藉堅韌和勇敢為很多女性帶來了更多的權利。

你也可以通過冥想去接近自己的潛意識，找到你想成為的人的特質。然後，找二到三個能深入你的內心、讓你有所觸動的詞。最後，形成一個自我陳述句：「我是一個……的人。」比如「我是一個可愛而獨立的人」。在之後的成長歲月裡，你要常常有意識地確認、感受、實踐這個句子，讓它逐漸成為你內在自我的一部分。

資源取向包括兩方面。一方面，要接受事物的兩面性，即正性的和負性的。任何事情或事物都有兩面性，當你無意識進入自我挫敗的模式時，你可以有意識地尋找積極的資源。在每次自我攻擊的時候，找二到五個積極的部分。訓練自己對積極的自我感知的體驗和思考，以此突破自我攻擊和自我挫敗的模式，這樣才能提高自尊水準。另一方面，要專注於想要達到的目標，而不是將注意力放在想要逃避或迴避的方面。

比如，在我撰寫本書的過程中，我的稿件被退回和修改過很多次，這個過程讓我相當沮喪和煎熬。我消極的部分會覺得：爲什麼我要做自己不擅長的事情呢？我覺得自己在找罪受。而我積極的部分覺得：我接納自己並不擅長寫作的事實，也接納由此帶來的沮喪感。同時，這個過程讓我從一個寫作「菜鳥」成爲能比較好地進行文字表達的人。這是我成長的機會，也是實現理想自我的必經之路。因此，這個積極的部分支撐著我，讓我堅持下來，痛苦但是快樂。

突破自我限定，朝向理想自我

我們對自己的限定，往往是成長的過程中，在社會和家庭環境中逐步形成的。這個過程受到社會文化和父母人格的影響。在我們還是孩子的時候，爸媽常常對我們使用「不要」「不能」「不可能」「不應該」這樣的限制性詞彙。直到成年，我們可能至少聽過這些詞彙1.5萬次。這些不斷重複的限制性語言最終成為自我限定的一部分。

突破自我限定必須學會自我負責。人生沒有「如果」，無論是成長中的創傷，還是現實人生的不如意，我們都不可能重新來過。婚姻諮詢中，常常有來訪者問我：「我到底要不要離婚？」其實，我給不了這個問題的答案。因為我無法為他人的人生負責。人生的每一個選擇，結果是幸福還是悲苦，是成功還是失敗，都要靠自己體驗和承受。人生是自己的，沒有人可以代替。說起來雖然有些殘忍，卻很現實。

突破自我限定需要傾聽潛意識的聲音，尋找自我限定，然後有意識地改變它、突破它。我們不需要著急實現一個大的突破。比如，如果你非常不擅長溝通，卻決定去做業務員，想以此突破自我。這樣的目標往往會帶來很大的挫敗感。改變自我可以從很小的事情開始，先從中獲得滿足感和勝任感，再慢慢積累，從量變到質變。

你的自我限定都有哪些？此刻，你可以拿起筆，寫下十到二十個自我限定，然後有意識地改變，努力成爲自己想成爲的樣子。願大家都能逐步朝理想自我發展，成爲更好的自己。

第十七課

突破：成為獨立而自由的女性

獨立指經濟和精神的獨立

經濟獨立是精神獨立的基礎。我總是主張女性應該追求經濟獨立，選擇自己喜歡的或有興趣的領域去發展。並且，在追求經濟獨立的同時，我們不能被金錢所奴役。

對於精神獨立，我覺得有三個重要的部分。

其一，精神獨立意味著有自己的理想和追求且能去實踐。

其二，擁有自己獨立的觀點和思考能力且能自我反思。

其三，擁有一顆勇敢的心，敢於對自己的人生負責；敢於挑戰世俗不合理、不公平的規則。

自由指的是內在自由。以下三個部分的自由，決定了你能否成爲更好的自己。

其一，不被過去束縛的自由。

其二，不被自我束縛的自由。

其三，讓情感流動，表達自我的自由。

從母親身份講獨立和自由

母親一直是女性最重要的身份之一，甚至決定了女性的一部分價值。在有些傳統中，母以子貴，兒子的榮耀和孝順常常是母親身份的體現。社會賦予女性的自我價值是相夫教子，這極大地束縛了女性的發展。然而，現在的情況正在發生翻天覆地的變化，母親不再是女性唯一的角色，只是女性身份的一部分。女性可以在家庭以外，通過努力成爲自己，獲得獨立和自由。

經濟獨立意味著在經濟上不依賴他人，比如伴侶或父母。但是作爲母親，經濟獨立並不是一件容易的事情。母親天然有一種奉獻和付出的精神，從孕育孩子到養育孩子，母親的付出和犧牲是巨大的。因此，在養育孩子的過程中，很多母親常常不得不放棄自己的夢想和工作。多年以後，要重新開始做自己想做的事情，其實是非常艱難的。無論如何，「男主外女主內」在一些家庭中是一種默認的傳統，「女主內」意味著照顧家庭、照顧孩子是女性的主要責任，而現實生活的壓力也常常要求家庭中的女性出去工作，這讓女性更加感到身心疲憊。

比如喪偶式的養育，其中的艱辛與辛酸，只有身在其中的人才能深刻地體驗。很多爸爸認爲帶孩子理應是媽媽的事情，自己賺錢養家就把自己當成家裡的老大。有些爸爸甚至會對媽媽說一些非常傷人的話：「帶孩子都帶不好，你還會做什麼。」很多時候，孩子的問題都被歸結爲媽媽養育的責任。事實上，很多媽媽對家庭和孩子的付出與貢獻常常被忽視、貶低，而社會及家庭不會認爲爸爸需要爲養育的缺席負責。

我非常能理解，作爲媽媽，想要獨立和自由是如何艱難。因爲在養育孩子、照顧家庭的過程中，媽媽付出了自己最寶貴的年華，放棄了自我發展的機會，失去了經驗累積的過程。最大的代價是看不見的機會成本。但是，無論如何，我還是鼓勵媽媽們不要放棄。只要努力，這世間還是有很多可能性的。

如果孩子已經上幼兒園或者小學，我會鼓勵媽媽們發展自己擅長或感興趣的領域，逐步提升經濟的獨立性。當然，這樣的重新開始並不容易，但是我覺得，作爲女性，我們不僅是媽媽，更是自己，在成爲媽媽的同時，不要放棄自我。如女性精神分析學家阿琳·克萊默·理查茲（Arlene Kramer Richards）所言：「母性只是一個女人潛在力量的一種。」你可以努力創造你想要的生活，成爲你想成爲的人。這個追求會給你帶來經濟的獨立，讓你獲得更多的自我價值感，你會有自己的朋友，也會擁有實現自我的空間。

這並不是要否認全職媽媽的價值。如果一個人在全職媽媽的角色裡可以感到滿足和喜悅，直至年老，仍然感到這一生充實而飽滿，那也是很美好的。

作爲母親，精神上的獨立意味著可以不把生命的意義全部放在伴侶或者孩子身上，可以不緊緊地抓住他們，或者將他們奉爲自己生命的全部。這樣的獨立也意味著自己可以作爲一個獨立的個體去愛另一個獨立的個體，尊重和接納彼此的差異性，無論那個人是你的伴侶還是你的孩子。

一個女性能否獲得男性長久的愛慕和尊重，其實是由女性內在的人格魅力決定的。而人格魅力的核心是精神的獨立性，即獨立的夢想、言行、思想和思考能力。

從自我的角度講獨立和自由

自我的獨立和自由，即自我作爲獨立個體而存在，擁有獨立的思想和精神。

自由永遠是相對的。現實層面的自由有更多的束縛，但是作爲獨立個體，內在的自由要開闊得多。

能夠和內在父母和解，放下過去，接納自我，這是不被過去束縛的自由。

能夠突破自我限定，擺脫外界的束縛和影響，能夠面對外界的質疑之聲，這是不被自我束縛的自由。

能夠帶著活力、喜悅和自發性，去深刻體驗生命中眞實的感受，勇敢地表達自我，這是讓我們的情感流動、表達自我的自由。

但是在現實中，女性的內在自由往往會被束縛。女性在家庭裡主要有四個身份，即女兒、母親、妻子和自己。女兒常常被要求孝順聽話，母親需要奉獻付出，妻子應該賢淑持家，這些觀念都呈現了女性順從和依附的屬性，忽視了女性自己本身也是獨立個體。

女性和男性一樣，也有自我實現和追求自我的需要。事實上，女性也能和男性一樣，在不同的領域實現自我。現在也有越來越多的女性通過自己的努力獲得獨立和自由，不僅撐起了家庭，也成就了自己。成爲獨立而自由的女性是非常不容易的事情，但可能性始終是存在的。

我曾經提到，我的婆婆非常不喜歡我的獨立性，她認爲女性應該以家庭爲重，最好不要工作，全心全意照顧家庭。對此，我極不認同。我認爲，我和我的丈夫應該是平等的。比較慶倖的是，我的丈夫也主張這一點。在成爲諮商師的路上，我不放棄的精神也常常獲得他的尊重和支持。

我的另一位朋友就沒有這麼幸運了。很多年前，她也想成爲心理諮詢師，但是她的丈夫認爲，他們的家庭經濟條件還可以，朋友應該在家帶孩子，做心理諮商師賺的錢幾乎不值一提。當然，在剛剛入行心理諮詢的時候，諮商師只有付出，基本沒有收入。我的朋友頂不住壓力，選擇了放棄。多年以後，她發現丈夫對自己越來越不滿，常常貶低她，彼此的交流也越來越少，她的丈夫常常對她說一句話：「和你說了你也不懂！」

放棄職業發展，成爲全職太太，容易被丈夫貶低或出現其他的婚姻不幸。這是因爲，一方面，男性在社會實踐中不斷累積經驗，而全職媽媽的世界往往只有孩子和柴米油鹽，久而久之，兩個人溝通的話題除了孩子再無其他；另一方面，男性常常把內在的衝突投射到妻子身上，他既認爲照顧家庭是妻子的責任和義務，同時又渴望自己愛的女人是獨立自主的。

你可以大量閱讀和觀看高品質的影視作品，結交有思想的獨立女性，或進行長期個人諮詢，帶著體驗去經歷、思考和反思這一切，等等。這些都是對自我精神和心靈的薰陶。當然，你也可以尋找和發展適合你的愛好，比如，去探索你喜歡的領域，它可以是瑜伽、舞蹈，也可以是繪畫、音樂或攝影，也可以是烘焙、刺繡，只要用心發展你喜歡的領域，你就已經走在自我獨立和自由的路上了。

我們需要把外界知識和自我理解、體驗不斷進行加工整合，從而眞正將之轉化爲屬於自己的經驗和理解。如果沒有體驗，沒有獨立的思考，知識就僅僅是被知道而已。一個人不思考的根源往往是不面對自己，迴避和自我的交流。

女性的力量

成爲獨立而自由的女性是一個持續追求的過程。獨立和自由沒有絕對的達成標準，更多的是個性化的定義。隨著你自我邊界的擴展，你對獨立和自由的定義也會越來越具有廣度和深度。

阿琳是我最喜歡的女性精神分析師之一，她在著作《女性的力量》裡提到自己曾經在某些階段更男性化，而在另外的階段更女性化，最後才達到兩者整合的狀態。我想，這就是男性氣質和女性氣質的整合，這也是女性的力量。

作爲女性，我們可以擁有女性的特質，比如堅韌、溫柔和包容，也可以擁有男性的特質，比如勇敢、力量、堅強等。當然，成熟的男性也可以寬厚、溫柔又果敢、堅強。只選擇性別的一面而否定另一面，會削弱自我的力量，形成自我限定。

人們的固有思維塑造和限定了女性的發展，就像社會上流行的看法：女性是感性的，而男性是理性的。這樣的固有思維和偏見限定了女性在一些非常重要的領域裡的發展，比如哲學。

最後，對於女性身份的思考，我推薦大家去看波伏瓦的《第二性》。

第三部分

母性的力量

第十八課
母嬰創傷：成為「好媽媽」怎麼這麼難

佛洛伊德曾描述道：「母嬰關係是一種獨特的、無與倫比的關係，是最初和最強烈的愛，也是孩子後來所有關係的原型。」而本書第三部分將聚焦於明母親獲得母性的力量，即通過鏡映、涵容、心智化、遊戲、信任、邊界和自豪等母性功能，建立高品質的親子關係。

很難成為「好媽媽」的原因

不管媽媽做得好不好，做媽媽本身就是個難題。從孕育孩子到養育孩子是一個漫長而艱辛的過程。

如果把媽媽比喻成一個崗位，並爲這一崗位列一張工作任務清單，我們可以列出不少於一百條任務。舉兩個例子：每晚六到八次的夜奶，持續至少一年，我記得哺乳期時我常常坐著就能睡著；一年三百六十五天，每天哄孩子睡覺，一哄就是幾年，等等。其實，照顧孩子非常辛苦，甚至比在職場工作還要辛苦。常年無休假、無工資、無獎金，即使自己累到精疲力竭，還是需要回應孩子的各種需求，自己的需求和情感則常常被擱置在一邊。至於逛街、看電影、聊天、旅遊等休閒活動，多數情況下會因爲孩子而取消。這些事情，每一位媽媽可能都深有體會。

同時，做媽媽也不斷面臨喪失。比如，喪失女孩身份、喪失私人空間和時間、喪失苗條的身材，可能還包括喪失工作和自我發展的機會，等等。

而孩子也不是「省油的燈」。孩子有時候就像個「小魔鬼」，會調皮搗蛋、不聽話，會發脾氣、耍賴，還會提出蠻不講理的要求和沒完沒了的需求。我四歲的兒子對自己發脾氣的一種說辭是「我想要，現在就想要」，他不管父母能不能做到。面對孩子的需求，當媽媽眞的非常不容易。

心理學家溫尼科特曾提出媽媽「恨」孩子的十七條理由。面對種種棘手的情況，媽媽在某些時刻會「恨」自己的孩子。如果媽媽接納自己對孩子的「恨」，也許就更容易接納自己那些糟糕的情緒。

做一個媽媽本身極不容易，何況是做一個「好媽媽」。當然，在心理學的定義裡，「好媽媽」只需達到六十分，大部分媽媽都可以做到。如果做不到，那意味著你可能正承受著巨大的心理壓力，而壓力的來源是母嬰代際創傷和家庭問題。

第一個壓力來源是母嬰代際創傷。

很多早年經歷過創傷的媽媽都曾經在心裡對自己說「我希望我的孩子永遠不要經歷我所經歷的」或者「我希望給予孩子我沒有得到過的愛」。但是，當你成爲媽媽後，才會發現自己和媽媽一樣，無法好好地愛孩子。這意味著你經歷過的創傷可能正在影響你和孩子，創傷的代際傳遞正在發生。

早年經歷過創傷的媽媽如果無法在意識層面體驗和理解創傷帶來的痛苦，那麼創傷的代際傳遞就有可能發生。這些無法被意識到的創傷變成了未解決的創傷，蟄伏在媽媽的潛意識裡，侵入母嬰關係，如同「育嬰室裡的幽靈」。

有位媽媽因爲二歲的孩子晚上總是哭鬧和做噩夢向我諮詢。她曾經聽從媽媽的建議，在孩子六個月的時候給孩子做睡眠訓練。她每天晚上八點就把孩子放在床上，然後離開房間，即使孩子哭泣，她也不出現，孩子常常在絕望的哭泣聲中入睡（我認爲這樣的睡眠訓練極其殘忍）。事實上，這就是後來孩子晚上常常哭鬧和做噩夢的原因。這樣的睡眠訓練會給孩子帶來創傷，導致孩子只能獨自面對無邊無際的恐懼和絕望。這位媽媽後來瞭解到，在她自己的嬰幼兒時期，她的媽媽持有的養育觀點是：少抱、少安撫，特別是在孩子哭鬧時，不然孩子會被寵壞。在這個案例裡，我們看到創傷就像「幽靈」一樣，就這麼悄悄地來了。

媽媽給孩子帶來的創傷常常表現爲忽視、入侵和虐待。

第一種表現是忽視。這樣的媽媽是疏離而沒有反應的，她難以對孩子產生積極的情感回應。也許是媽媽得了憂鬱症，也許是媽媽的情感嚴重隔離。忽視也表現爲媽媽無法滿足孩子的基本需求，例如餵食和照看孩子。

第二種表現是入侵。這樣的媽媽對孩子有潛藏的敵意和憎恨，常常無意識地把自己內心的敵意和憎恨投射到孩子身上。相比男孩，女孩更容易遭受來自媽媽的拒絕、嫌棄和敵意。有位媽媽常常重複做一個噩夢：年幼的她躺在床上，床邊站著一個高大的女人，用惡狠狠的眼神盯著她，接著她被嚇醒了。很久之後，她回憶起這就是媽媽的眼神，而這也是她常常感到恐懼和焦慮的深層原因，因爲她感覺媽媽根本不想要她，只想要男孩。

第三種表現是虐待。有些媽媽憎恨自我的女性身份，並把這份敵意投射到女兒身上。她們會虐待孩子，有的媽媽常常情緒失控地辱罵或者暴打孩子，在精神或者軀體方面虐待孩子。而長期的批評指責或者情緒失控都會讓孩子感覺恐懼和無助。

創傷就像「幽靈」一樣蟄伏在媽媽心裡。

在小貝（化名）很小的時候，她的媽媽常常把她送到外婆或者奶奶家撫養。在很長的一段時間裡，寄人籬下的她都感覺自己被忽視、被排擠，她的內心有著深深的孤獨。在成爲新手媽媽之後，她非常努力地照顧女兒，但是她無法理解女兒的感受，無法和自己的孩子共情，她買了很多玩具，卻不想參與遊戲，她和孩子的玩耍常常不能維持半小時，因爲這讓她感到煩躁和疲憊。

她觀察到丈夫在與孩子互動時要比她更好，女兒也更愛和爸爸玩。小貝一方面因覺得自己不是好媽媽而感到內疚，另一方面也感覺自己被女兒排斥，好像丈夫、婆婆和女兒才是一家人，自己是外人。小貝早年的創傷性體驗因此被啓動，她越來越憂鬱，也發現自己缺失一個「媽媽角色模型」，她不知道該如何做媽媽，只能通過看書學習如何做一個好媽媽。她和媽媽沒有情感的連結，也不知道如何與自己的女兒產生情感的連結，她內心充滿了作爲媽媽的無力感和羞恥感。

當然，還有很多客觀原因和困境也會導致母嬰創傷，比如早產、嬰兒的生理疾病、嬰兒異乎尋常的敏感以及特定母親與特定嬰兒之間氣質上的「不匹配」等。另外，母嬰創傷只是代際創傷的一種，它還有其他很多情況。比如媽媽和孩子在嬰幼兒時期關係很好，但到了孩子小學或青春期，創傷被激發了，這往往與媽媽自己遭受創傷的時間節點有關。而隔代養育帶來的複雜養育關係也是不容忽視的。爺爺、奶奶的溺愛，爸爸的缺席或者嚴厲對待，夫妻關係、婆媳關係的不和，等等，都在潛移默化地影響孩子。第二個壓力來源是家庭問題。

養育孩子是非常艱難的過程，媽媽需要另一半和長輩的幫助與支持。但是，有些女性不僅得不到他們的理解和支援，還需要額外承受來自社會和家庭的壓力。

如果你生的是女孩，而你的老公和婆婆又非常強烈地想要一個男孩，那麼，你的處境可能會比較艱難。你和孩子或多或少都可能被嫌棄、被攻擊或被冷落，好像生女兒是你的錯。

還有，當孩子出生之後，如果婆婆或媽媽來了，家庭結構可能會發生變化。有的女性要面臨婆婆的「霸權」，也許婆婆會爭奪孩子的照顧權和話語權，也許你會驚奇地發現丈夫變成了「兒子」。婆婆來了之後，丈夫變了：他要不脾氣暴躁，要不沉默寡言，要不沉迷遊戲，要不外出不歸。總之，你想要的丈夫的支持和理解都消失了。

這種複雜的多重衝突導致夫妻關係破裂的情況不在少數。這也是很多媽媽失去母性功能的重要原因，甚至很多女性會因此患上產後憂鬱，之後轉化爲長期憂鬱。即便如此，還是有很多患有憂鬱症的女性被貼上「矯情」的標籤。

有不少媽媽和婆婆對於女兒或者媳婦生孩子的艱難與痛苦很漠然，她們常常把生孩子形容得像母雞下蛋一樣，她們更在乎女兒或媳婦生的是男孩還是女孩。

有一位媽媽在月子裡被婆婆戳著乳房嫌棄她沒奶，婆婆的這種行爲喚醒了她被媽媽嫌棄的創傷性感受，之後她常常陷入恐懼、憤怒和悲傷。可想而知，在這樣的情境下，媽媽如何能安心地照顧孩子呢？

因此，一位女性成爲母親的時候，也是她早年因母女關係產生的創傷最容易被激發的時候，這也是產後憂鬱出現的一個非常重要的原因。

若家庭經濟條件差或者同時養育多個孩子，情況就更加困難了。這時家庭中的媽媽常常心力交瘁，並且無法很好地照看或回應孩子。這導致老大常常在其他孩子出生的時候變得非常黏人，或者愛鬧脾氣。而這個時候，精疲力竭的媽媽已經無法好好安撫老大了，這可能會在養育孩子的過程中形成惡性循環。在這個時候，若有幫手幫媽媽安撫孩子或者照顧小的孩子，情況會好很多。

走出母嬰創傷

上述兩個壓力源增加了我們成爲「好媽媽」的難度，但無論經歷什麼，你的內心都渴望獲得美好，也渴望孩子能獲得美好，這是母愛的天性。

爲了走出創傷，我們需要直面創傷，讓創傷的痛苦體驗意識化，理解自己需要什麼、渴望什麼、有什麼感覺。因爲這是解決創傷的根本。

如美國哲學家威爾・杜蘭特（Will Durant）所言：「思維會抗拒審視苦痛，一如生者總是畏懼死亡。」

直視創傷並不容易。因此，我們需要對自己有更多的理解、接納和同情，無論你和孩子之間發生過什麼，請記住，這都不是你的錯。因爲很可能你內在小孩承受的苦痛，是你意識到的痛苦的千百倍，你應該意識到你正在承受這份痛苦，去看看你的內在小孩，去愛她，抱抱她。

想成爲「好媽媽」，我建議你把孩子看作脆弱的、依賴他人的，卻又獨立存在的個體。如果你理解孩子也擁有感受和渴望，這本身就是一個很重要的成就。並且，要學會容納孩子的情緒、回應他的需求，容納的重點不在於說什麼、做什麼，而在於怎麼說、怎麼做。比如用溫和的眼神、飽含情感的聲調與孩子交流。

如果你感到情感匱乏，可以試圖尋找「育嬰室裡的珍寶」，也就是那些你記憶裡慈愛的、溫暖的情感體驗。也許只有片刻的時光，但也足夠閃亮。試著回憶那些畫面與感覺，讓自己身處其中。這樣的時刻在過去和現在都是彌足珍貴的。重新喚醒這樣溫暖的情感不但能夠修復代際創傷，還能夠修復近期受到的創傷。

你也可以尋求朋友或諮商師的幫助，或嘗試和另一半交流自己的痛苦經歷，看看他能否理解你。當然，我也會建議你規律地運動和睡眠，保持健康的飲食，這雖然是老生常談，但很多科學研究都證明這樣是有用的。

在某種程度上，我們都不是「好媽媽」，因為有些時刻，我們就是「壞媽媽」。但坦然地接納這一點非常重要。

第十九課
產後憂鬱：如何走出產後憂鬱的陰影

我曾經在微信公眾號上看到過一篇名爲「我離死亡那麼近，你卻說我矯情」的文章，這是一篇關於產後憂鬱的文章。文章裡提到，有些媽媽忍過了生產過程中的十級陣痛，卻躲不過產後憂鬱的鬼門關，選擇結束自己的生命。事實上，很多人對於產後憂鬱知之甚少。

產後憂鬱的表現和影響

通常情況下，在生完孩子之後，因爲身體的疲憊和激素的急劇變化，85％的女性會出現心情不好的狀況。這種狀況在感受上類似於憂鬱症狀，女性在這時會出現失眠、哭泣、自責、易怒等情緒，但這樣的情緒常常在幾天之後自行消失。如果這些消極情緒沒有消失，而且持續時間超過半個月，那麼這些女性很有可能患有產後憂鬱症。事實上，約有15%的女性都曾患上產後憂鬱。

患有產後憂鬱的媽媽常常會感受到強烈的悲傷或憤怒，總是忍不住哭泣。她們會覺得自己不是一個好媽媽，常常厭棄自己，她們會感到絕望、內疚和自責，嚴重的時候甚至會覺得自己一無是處，不應該活著。產後憂鬱的媽媽感受不到孩子降生的喜悅。而憂鬱的背後，常常是深深的孤獨感。

產後憂鬱也常常伴隨軀體化的反應，患產後憂鬱的媽媽常常感覺自己身體會莫名地疼痛；或者非常怕冷，容易感到受涼或者頭痛。她們對身體的感知非常敏感，但這時她們的身體也很脆弱，這通常被稱爲「月子病」。此外，情緒波動與家人照顧不周等問題常常導致產後的媽媽患上各種身體疾病。同時，有些媽媽會對自己的身體感到非常焦慮，一點小小的身體問題就可能讓她們惶恐不安，比如她患上了胃炎，就會擔心自己會不會患上胃癌，因此，睡眠品質變得非常不好，加之照顧孩子的壓力與疲憊，她們的情緒可能處於崩潰的狀態。媽媽這些狀態常常讓家人無法理解甚至厭煩，因此，媽媽身心處境的艱難很難被家人理解和看到。她們不僅要承受憂鬱的痛苦，還要承受焦慮的煎熬。

產後憂鬱會給媽媽的身心帶來嚴重的損傷，這種損傷如果沒有得到家人的理解和支持，沒有及時治療，可能會演變成長期的憂鬱症。

產後憂鬱的現實原因和深層原因

在產後這樣一個特殊時期，媽媽無論身體還是心理都經歷了一場洗禮。媽媽在懷孕期間備受寵愛，但是當孩子出生之後，突然大家都在關注孩子，而媽媽也需要全身心地照顧孩子。初爲人母，媽媽會手足無措、身心疲憊。如果再加上婆媳關係不和或夫妻關係緊張，媽媽就可能感到無助、無力和被拋棄。通常情況下，這樣的家庭背景是產後憂鬱的溫床，也是產後憂鬱的現實原因。

婆媳之間的衝突一直是家庭衝突的核心議題，這種衝突也是關於權力的鬥爭。孩子出生之後，媽媽和孩子都需要婆婆的照顧。有些婆婆因此掌控家裡大大小小的事情，還會批評媽媽養育中的不足；有些婆婆會因爲兒子被媳婦奪走而無意識地想從媳婦手裡奪回自己的兒子。誰養育孩子，誰對孩子就有特權，這是家庭文化的核心。因此，婆婆可能會和媽媽爭奪孩子的照顧權和養育權。剛生完孩子，還很虛弱而無助的女性如果得不到丈夫的支持和理解，就很容易感到被忽視或孤立，從而陷入產後憂鬱。

夫妻關係緊張常常是因爲女性生完孩子之後極其需要丈夫在身體和情感方面的陪伴與照顧，但是，有些丈夫會忽視妻子的這些需要，他們要麼沉迷於網路，要麼出差忙於工作，其原因可能是他們還沒有做好當爸爸的準備。甚至，有些丈夫直接退回孩子階段，一切都等自己的媽媽安排和做主，好像妻子和孩子也應該由自己的媽媽負責，這種做法也會加劇婆媳的衝突。婆婆來了之後，丈夫好像就不是自己的了，很多女性會對此感到困惑。

而那些因爲生女孩而被婆婆或丈夫嫌棄和忽視的女性，她們的處境會更加艱難。當然，丈夫的背叛對女性也是巨大的打擊。這些外在因素足以擊垮女性，導致其患上產後憂鬱。

而產後憂鬱更深層的原因是女性對其母女關係中的創傷的啓動。如果外婆曾經遭受產後憂鬱的痛苦，那麼，媽媽更容易患上產後憂鬱。這是因爲嬰幼兒時期遭受的創傷，比如忽視、虐待、遺棄等，常常會在女性成人以後和婆婆、丈夫及孩子的關係裡被再次啓動。

為什麼會出現這樣的情況呢？

第一，生完孩子之後，媽媽的身心都很敏感。而嬰兒本能地具有脆弱、依賴和需要被照護的特徵，這些特徵可能會喚起媽媽在嬰兒時期遭受的創傷性體驗，也就是渴望並依戀養育者，但又因得不到回應而感到無助和恐懼。這常常導致媽媽無法忍受和接納嬰兒的情緒，比如哭鬧，而孩子在這個時候需要全心的照顧，這常常使女性成為媽媽之後感受不到幸福和滿足，只能感到身心疲憊、心力交瘁，久而久之就可能變得憂鬱。

我們通常認為，女性在生完孩子之後需要坐月子。而曾經未得到自己母親良好對待的媽媽在這個時候很容易退縮，即在心理方面退回更小的階段，比如成為孩子。在這個時期，媽媽更想成為孩子，更渴望在這個時候得到曾經缺失的母愛，無論是通過婆婆還是通過媽媽或丈夫。

這個階段的女性渴望成為孩子，重新獲得母愛。如果這個時候婆婆或媽媽對其是溫暖、理解和有耐心的，那麼這時對於女性來說則是一個很好的創傷療癒的機會。如果女性得到的照顧和情感方面的支援與回應較少，甚至被忽視、嫌棄或指責，那麼其早年的創傷就會被啓動，從而變得憤怒、悲傷、焦慮、易激怒和難以安撫，同時也容易把創傷裡的憤怒投射到婆婆或丈夫身上。這個時候，丈夫往往也會感到挫敗，變得沒有耐心，並不再試圖理解和關心妻子。這也導致女性因被忽視或被拋棄產生的創傷再次在與丈夫的關係裡被啓動並體現。她們也容易把這份傷害投射到婆婆身上，認爲自己遭到了婆婆的傷害、虐待甚至迫害。

當然，在理解創傷和投射的心理機制的同時，我並不否認現實中眞的有很多婆婆對媳婦很不好，不是挑剔就是嫌棄。

小晴（化名）是在丈夫的老家生的孩子，並由婆婆幫忙照護。她回憶起那段讓她倍感悲傷和孤獨的日子就淚流不止。她覺得婆婆常常忽視她，通常只是簡單地做完飯就出去玩，留下她一個人在家。在那段時間她常常哭泣，她說不清哪裡不對勁，而丈夫也不理解她。她覺得承受不了，決定回娘家。她抱著對媽媽的愛的渴望回家，結果幻想卻破滅了。

她發現媽媽雖然人在她身邊，但心不在。媽媽做飯時不會顧及她而選擇更有營養的食材，好像根本不知道她在坐月子。慢慢地，小晴開始意識到，媽媽對自己的忽視和情感隔離是她感到悲傷的根源。

出現產後憂鬱的第二個原因是媽媽有過被忽視、控制、拋棄、嫌棄或虐待的經歷。媽媽沒有「好媽媽」的角色模型，因此，她們常常害怕自己不是一個好媽媽。

一方面，媽媽會因爲害怕照顧不好孩子，而把「媽媽」這個角色推給婆婆或自己的媽媽，自己和孩子變得疏離，但她們會對孩子感覺內疚。或者媽媽根本就不知道如何與孩子產生情感連結，與生俱來的母愛好像消失得無影無蹤。因爲在這些媽媽的心中，她們從來沒有得到來自媽媽的情感連結，她們也不知道如何把孩子放進心裡來愛。另一方面，媽媽可能變得過度保護孩子，不給自己留任何私人空間，認爲不能單獨將孩子留下。孩子的哭聲意味著對自己的控訴，說明自己不是一個好媽媽。這種壓力常常讓媽媽的精神過度緊張，使其脾氣更暴躁。

第三，家族有憂鬱史。具有自尊脆弱、依賴他人和自我攻擊型人格特徵的媽媽也容易陷入產後憂鬱。

走出產後憂鬱

在緩解媽媽的痛苦、預防媽媽可能對孩子產生的不良影響方面，產後憂鬱的治療是非常重要的。

不幸的是，產後憂鬱是一個並沒有得到重視的問題，部分原因是大家更多地關注孩子，而媽媽常常被忽視。如果不考慮媽媽所處的環境和早期創傷，這種創傷就會通過代際傳遞影響孩子，很多孩子的問題也就無法被理解。

這些產後憂鬱的原因，也是很多女性得憂鬱症的原因。

當發現自己或周圍人有持續的憂鬱情緒且超過十五天，首先應去醫院尋求專科醫生的幫助。無論基於何種原因，產後憂鬱都需要被認真對待，需要獲得家人的理解、支持和陪伴。

其次，要走出憂鬱，一個比較有效且簡潔的方法就是運動。憂鬱常常讓人懶得動，沒有任何興趣，感到情緒低落，這些都是憂鬱的反應。讓自己積極地動起來可以非常有效地緩解憂鬱情緒。比如外出走路、跑步、游泳等，比較好的室內活動是瑜伽。運動和瑜伽可以很好地緩解憂鬱和焦慮的情緒。

最後，和丈夫或好姊妹、朋友傾訴，給自己做時間規劃，讓自己有固定的整塊時間休息，都可以有效緩解憂鬱情緒。

產後憂鬱是特定時期的憂鬱，積極尋找憂鬱的深層原因，修復早年創傷，是解決憂鬱的根本辦法，也是解決創傷代際傳遞的核心。

你也可以通過聽課、看書或參加個人成長訓練營獲得修正，也可以尋求專業諮商師的幫助。

無論是現實原因，還是創傷被啓動的原因；無論是婆媳關係，還是夫妻關係，這背後都有著非常複雜的動力，要解決產後憂鬱的問題，需要理解背後的深層原因。然而，這並不是一件容易的事情。因爲每個媽媽早年的經歷和面臨的現實處境各不相同，有些媽媽的處境好一些，通過自己努力地自救和家人的幫助，問題就可以解決。但也有相當一部分女性，不僅早年得不到媽媽的疼愛，在自己成爲媽媽之後，也沒有得到婆婆和丈夫的疼愛與支持，甚至還被嫌棄。在這樣的情況下，要從中走出來是非常艱難的，尋求專業的諮詢可能是一個讓自己得到理解和支援的較好的方式。

不管怎樣，想要改變、走出憂鬱，朝向積極改變的道路，這本身就是最大的療癒和力量。

第二十課
安全依戀：媽媽這樣做，孩子擁有安全感

在諮商的時候，經常有來訪者問我：在親密關係裡感到痛苦和無助，渴望親密但總是失敗，原因是不是「缺乏安全感」或「缺愛」？答案常常是肯定的。因爲我們內在的關係模式以及內在對自己和他人的感受及看法源於早年和媽媽（養育者）的互動。如果可以得到足夠好的養育，那麼我們的內心就會形成安全感，即感知這個世界是安全的，他人是善意的；反之，缺乏安全感即缺愛，就會常常感到來自他人的敵意或嫌棄，這會讓一個人退縮、不自信，無法自如地進行社交活動，或者對別人充滿憤怒，因爲他會把內在感知到的敵意投射給他人，認爲別人對自己懷有敵意，因此憤怒不已。安全感是人格形成的基礎，就像房子的地基一樣，無論房子蓋得如何，地基不牢也終究難以抵抗風

雨。內在缺乏安全感會讓人陷入自卑，缺乏冒險精神，也不信任他人甚至這個世界。內在安全感對一個人的重要性是不言而喻的。現在，我們一起來看看如何為孩子建立內在安全感。

依戀類型——安全型依戀

和媽媽安全的依戀關係是建立內在安全感的核心基礎。

依戀理論認為，與媽媽（養育者）建立親密情感紐帶的傾向是人類的天性之一，貫穿人的一生。這樣的情感紐帶就是依戀的核心。安全依戀指，孩子相信自己處於困境中時，父母會回應、理解和幫助自己。安全依戀中的孩子在和父母的關係裡是舒適而愉悅的，對自我的感覺是良好的、被愛的、被接納的。安全依戀的孩子擁有堅韌的生命力，也更加自信，敢於探索，具有創造性，也有著很好的情緒調節能力。

與安全型依戀模式相對的，還有另外三種不安全依戀模式。第一種是矛盾型依戀。共生型和拒絕型媽媽的養育方式會使孩子容易形成矛盾型依戀。這樣的孩子渴望被關注，容易產生分離焦慮，對媽媽的離開感到憤怒和不安，而在媽媽回來之後又難以被安撫。其原因是媽媽只是偶爾對孩子提供回應、理解和幫助，而更多的時候只考慮自己的需要。

第二種是迴避型依戀。自戀型和無回應型的媽媽會使孩子容易形成迴避型依戀。因爲缺乏愛和支持，他們早早就學會了自給自足，這容易形成自戀型人格和溫尼科特所說的假自體。其原因是媽媽基本無法或不會回應孩子的需要，表現得很冷漠，孩子常常感到被拒絕。

第三種是混亂型依戀。被父母軀體虐待或敵意對待的孩子，常常形成混亂型依戀。這屬於最不安全的依戀模式。這類孩子的內在十分混亂，容易不分場合地哭鬧，行為表現常常雜亂無章，缺乏組織性，有的孩子可能還會虐待小動物。

依戀模式一旦形成，就會表現出相對的持久性。在孩子九個月大時，對媽媽的依戀成爲一種模式被固定下來；到三歲左右，便會形成穩定的「內在工作模式」，並且可能持續一生。雖然依戀模式具有持久性，但如果父母對待孩子的方式發生改變，依戀模式也會發生改變，比如從矛盾型依戀轉爲安全型依戀。

那麼，我們如何建立安全型依戀呢？

建立安全型依戀的核心是媽媽爲孩子建立「安全基地」。

安全基地是由媽媽（養育者）提供的足夠好的支援、安撫和保護所。當孩子需要媽媽的時候，媽媽總會在那裡，這樣可以讓孩子安心地探索外面的世界。漸漸地，這種安全的感覺就會被孩子內化爲內心的「安全島」，於是，孩子就有了基本的、穩定的安全感。

安全基地的功能是支援孩子去探索世界。就像一歲左右的孩子，會在蹣跚走幾步之後快速地回到媽媽身邊，當感到安全之後，會再次走得更遠。孩子逐漸成長，心安地離開媽媽的時間也會更長。作爲媽媽，我內心常常有這樣的意象：自己好像是棵高大的榕樹，這也是我最喜歡的樹。我的孩子可以去她想去的任何地方，當她感覺受傷的時候，也可以隨時回到這棵榕樹下，我會一直在那裡，一如她出生時那樣，無條件地愛她、接納她。我想我意象中的這棵榕樹就是安全基地的象徵吧。

冥想三到五分鐘，你和孩子之間的關係會呈現怎樣的意象呢？或者，如果讓你在植物和動物裡各選擇一種來代表自己，你會選擇什麼呢？有的人選擇小草，這意味著其內心對自己的感覺可能是虛弱和易被忽視的，她也會感覺別人忽視自己，自己就像小草一樣無足輕重，但是小草又有旺盛而堅韌的生命力；有的人選擇貓，也許在他們孤傲的背後有些冷淡，排斥太親密和太依戀的情感。透過對自我的理解，我們可以理解自己的孩子會如何感知自己。你可以試一試，選擇完之後，去感知對這個植物和動物的感覺，也可以問好朋友對你所選的植物和動物的感覺。這樣可以對自己是怎樣的人或者想成爲怎樣的人有清晰的感知，也就能知道孩子是如何感知我們的。

建立安全基地的核心是媽媽的敏感性和可獲得性。

我們對自己身體和情緒的自我照顧源於我們被照顧的方式。被足夠好地照顧需要媽媽的敏感性，即媽媽能準確地捕捉孩子發出的身體和心理信號並予以回應。同時，當孩子需要媽媽的時候，媽媽是身心在場的，即具有可獲得性。爲什麼強調身心在場呢？因爲有的媽媽人雖然在，但心不在。

我曾經做過爲期一年的嬰兒觀察訓練，每週一次，每次六十分鐘，觀察嬰兒從出生至一歲期間如何和媽媽建立情感連結。我發現，情感連結常常是由媽媽的敏感性和可獲得性決定的。比如，當嬰兒哭泣時，媽媽能否捕捉嬰兒哭是因爲餓了、尿了還是因爲需要媽媽的安撫；媽媽會如何理解，又會如何回應，等等。

這些母嬰互動的細節決定了嬰兒在和媽媽的關係裡是否感到安全，即媽媽是否爲嬰兒提供了安全基地。

那麼，哪些因素會影響安全型依戀的建立呢？

毫無疑問，敏感的媽媽外加被拒絕、被嫌棄、被分離、被威脅、被拋棄的經歷，會讓孩子形成不安全的依戀模式。因爲沒有穩定的安全基地，所以孩子無法在內心形成「安全島」，無法擁有安全感。

因爲女性身份被嫌棄，常常被批評指責，父母工作繁忙而保姆又頻繁更換，等等，這些情況都可能導致孩子形成不安全的依戀模式；還有一些看似無傷大雅的養育細節，常常也是孩子不安全感的潛在來源。

舉個例子，我女兒二歲左右的時候和阿姨很親近。有一次阿姨帶她到外面玩時，阿姨故意躲了起來，我女兒因爲找不到阿姨而恐懼地大哭。回家之後，阿姨非常興奮地和我分享這一情節，但我感到非常震驚，震驚於她的滿足感竟是建立在孩子因爲恐懼而極度依戀大人的那個時刻。

另外，媽媽無法對孩子渴望親近的需求和自主性探索的需求保持敏感並予以回應，也容易讓孩子形成不安全的依戀模式。

我的一位女性朋友，因爲丈夫要和她分手，她感到強烈的恐慌和痛苦。她常常因爲對方沒有及時回資訊或接電話而崩潰，也常常因此做出過激的行爲，包括威脅自殺。

她在親密關係裡的痛苦源自早年媽媽對其嚴重的忽視，媽媽會拒絕她的親近需求，比如，她和媽媽雖然同睡一張床，但從她記事起，媽媽就拒絕和她同蓋一條被子，更不用說擁抱和愛撫了。

作爲人類的自發性行爲，探索具有積極的意義，但是控制型媽媽會因爲害怕孩子受傷或離開自己而阻止孩子去自由地探索，這也會導致孩子形成不安全的依戀模式。事實上，對孩子過度擔心是養育者把自己內心的恐懼和虛弱投射給孩子，認爲孩子也同自己一樣脆弱。比如，有位媽媽常常對自己的身體抱有很嚴重的焦慮，哪怕身體有一點點問題都會讓她惶恐不安。有一天孩子摔倒了，媽媽就帶孩子去醫院做了檢查，儘管孩子沒有什麼問題，但媽媽還是非常不安，這樣的恐慌持續了好幾天才平息。媽媽這種恐慌的狀態常常會被孩子刻到內心，孩子的內在感到的是恐慌的媽媽，這樣的媽媽無法讓孩子安心，反而會讓孩子和媽媽同頻感到恐慌。

還有，如果總是處在家庭暴力、夫妻爭吵、婆媳衝突等環境下，孩子也容易形成不安全的依戀模式。家暴會讓孩子總是處於驚恐的狀態，這種情況下孩子可能感知的是自己依戀的父母是可怕的，孩子也會非常害怕父母一方在家暴中死去，年齡大一點的孩子憎恨爸爸的同時還會恨自己無法保護媽媽。孩子感知本應該相愛的親人是如此可怕，這一切會成爲孩子對親密關係既渴望又恐懼的根源。

如何讓孩子重獲安全感

照顧嬰幼兒或更大的孩子是一項異常艱辛的工作，因此，如果你的孩子是不安全型依戀，也不要責備自己。我見過非常多的媽媽，爲了不讓孩子遭受自己曾經經歷的痛苦，在養育孩子方面竭盡所能。但如果媽媽內在的愛太匱乏，她就難以有能量去更好地愛孩子。所以，你需要學會諒解自己，這也會給孩子樹立好的榜樣。

很多不安全型依戀的形成源自媽媽早年的創傷。如果媽媽有著痛苦的童年，生完孩子後很少或沒有得到丈夫及長輩的支持和幫助，那麼媽媽的早年創傷常常會被激發，這很容易導致不安全依戀的形成。

如果媽媽有能力「訴說」童年的創傷經歷，並瞭解童年的創傷經歷對自己長期的影響，她就更有可能和孩子建立安全型依戀。因此，你需要重新理解你的過去。你可以與能理解和支持你的朋友傾訴，也可以把過往的經歷寫出來發給你生命中重要的人，比如你的父母，也可以尋求專業的心理諮商。當然，這是一個哀悼、療癒和整合的過程，需要一些時間。

同時，你需要持續提升自己對孩子的關注和回應能力，並尊重孩子作為獨立的個體存在。鏡映、涵容、心智化、空間、獨立與依賴等，都涉及如何與孩子重建安全依戀模式。媽媽的改變常常帶來孩子巨大的改變，越小的孩子，改變越快。

和孩子遊戲是培育情感連結、建立親密關係、發展自信、遠離孤獨感及無力感的最好方式。

與孩子情感的連結是建立安全依戀的必要條件。情感的連結在關係中常常斷裂，而修復能力是最重要的。如果連結斷開而無法重新修復，就會成爲創傷，進而發展爲不安全的依戀。就如同孩子和母親之間剪斷臍帶的連結，但之後媽媽又把孩子抱進臂彎，關係在斷開之後又重新連結。

通過遊戲與孩子連結

對於嬰兒和幼兒，可以玩「鏡子」遊戲，這是一種很好的情感連結方式。就是孩子做什麼你也跟著做什麼。比如當孩子「咯咯」笑的時候，你也「咯咯」笑，這個過程會讓雙方建立起親密的連結。

也可以玩「蒙眼睛」遊戲。這個遊戲不僅建立了連結，還飽含親密的感覺。對於嬰幼兒來說，看見你——你消失了——又看見你了，這樣的消失是一種象徵性的失去連結又恢復連結的過程。這個遊戲傳達了「斷裂—連結」「存在—消失」這些內在的迴圈。就像我們成人知道，月亮走了明天還會來，這樣能建立起孩子的內在安全感。

對於上幼兒園的孩子來說，可以玩「躲貓貓」的遊戲，這個遊戲和「蒙眼睛」的遊戲有同樣的效果。如果有二寶，可以一起加入，這是一個非常好的建立連結和修復關係的遊戲。媽媽可以和女孩一起扮家家酒，爸爸可以和男孩一起拼樂高或玩遙控飛機之類的玩具。需要孩子與父母合作完成的遊戲，通常都可以非常好地促進情感的連結和流動。

另外，對幼兒進行身體的撫觸，和稍大的孩子擁抱，都是建立連結非常好的方式。每天睡覺前一個親吻、一個愛的道別、一個晚安故事，每天早上一句友愛的問候，孩子臨出門上學時的一個擁抱等，都可以非常好地建立情感連結。

對於青春期的孩子，媽媽可以和女孩發展一些共同的興趣，比如一起做飯、烘焙、做手工等；爸爸可以和男孩一起進行徒步、跑步等戶外運動以及其他運動。郊遊踏青是很好的親子時光，偶爾和孩子一起玩手遊也是非常好的促進關係的方式，這樣可以讓孩子感到自己是被理解、被接納的。

和父母的關係，除了青春期叛逆和對抗，還有共同的美好時光。這些都是親子關係中的精采時刻。

第二十一課
鏡映：提升媽媽「看見」孩子的能力

看見即愛

看見即愛。如果你看到孩子摔倒了，然後流露出心疼的眼神和表情，那麼孩子在看向你的那一瞬間，就會有被「愛」著的感覺，仿佛傷口也沒有那麼疼了。或當孩子考了很高的分數，滿心歡喜，在你看到孩子笑臉的那一刻，你欣喜地笑了，這時，你看到的不僅僅是孩子的分數，還有孩子內心的歡喜，你也看到了孩子渴望被看見的需要，這就是「看見」。

當然，也有糟糕的方式。孩子摔倒哭了，爸爸在旁邊訓斥：「又不痛，哭什麼哭！」孩子考了好成績，渴望得到父母的讚賞，而有些父母的回復永遠帶著不滿足或者批評。孩子很難從他們的話語和眼神裡感受到對自己的肯定。

鏡映，即媽媽照見孩子，孩子看見媽媽。

精神分析有一個分支，叫自體心理學，這主要是一個研究自尊的心理流派，它提出一個核心的概念「鏡映」。簡單理解，鏡映就是在鏡子中看見自己，就一定程度而言，那個鏡子即媽媽，孩子能從媽媽眼中照見自己，以此確定自己的存在及存在的感覺。

媽媽溫和而有韻律的聲音、溫柔的愛撫、充滿愛意的眼神和溫暖的臂彎等，都是對嬰兒的鏡映。嬰兒自出生開始，就有著全能的自戀感和原始誇大的自體，他們會覺得自己是宇宙的中心，這是一切美好的開始。

媽媽的鏡映支持嬰兒產生一種「我是完美的，而且你愛我」的感覺。這是自我價值感的核心。在這個基礎上，隨著自我意識的發展，嬰兒開始逐漸知道媽媽並不是自己所能控制的，因此開始經歷必要的挫折。

媽媽如果有足夠好的鏡映，嬰兒就能從全能的自戀感中逐步發展出具有適應性的自我，以此來應對現實的挫折。比如離開媽媽去上幼兒園、接受媽媽不給買自己想買的玩具等。這樣的過程使孩子逐步放棄全能自戀，發展出高水準自尊，即穩定的自我價值感。這讓一個人可以自由地做自己，讓他既不渴望他人的認可，也不將實現自己的價值寄託在伴侶和孩子身上。

鏡映意味著媽媽能看見孩子內心渴望的回應，孩子從媽媽的回應中獲得自己是獨一無二的、完美的、最厲害的等良好體驗。而忽視、虐待、指責、拒絕和拋棄等都會讓孩子產生不好的感覺，即鏡映失敗。孩子會覺得自己是不好的、不值得被愛的、是無能的等。鏡映在孩子零到六歲時尤爲重要，鏡映失敗，會導致孩子自尊感下降；鏡映失敗也常常導致孩子成年之後形成自戀型人格。

自戀型人格有兩種，一種是自大型，他們常常自以爲是，幻想成功，有很多想法和計畫，卻缺乏行動力。在關係中，特別是在親密關係和親子關係中，他們要麼理想化他人，要麼貶低他人；另一種是自卑型，他們總覺得自己一無是處，常常自我批評、自我厭棄。這兩種狀態的共同點是都以自我爲中心。自大型常常以自我爲中心進行思考，而自卑型常常自我歸因，從而開始自我攻擊。因爲鏡映失敗，他們也發展不出鏡映他人的能力。

除了忽視、虐待、指責、拒絕和拋棄孩子，其他比較典型的鏡映失敗的情況還有：常常給孩子講道理、說教；經常取笑孩子，比如一個三年級的孩子因爲背書背不下來哭了，媽媽卻到處和別人當笑話講，這對於這個三年級的孩子來說，是一件非常糟糕而且極其羞恥的事情。

如何提升看見孩子的能力

大多數的媽媽都能很好地看見和回應孩子，她們做得足夠好。但是每個媽媽在養育孩子的過程中都會有自己的盲點，因而無意識中在某個部分看不見孩子，也就無法鏡映孩子、讓孩子產生好的感覺。這個盲點常常和媽媽不能接納自己或自我厭棄有關。下面，我們來羅列一些媽媽看不見孩子的部分，並分享相應的理解。從理解問題到找出原因，是自我改變最重要的部分之一。

有的媽媽能很好地回應和讚賞孩子，她們常常能看見孩子的閃光點，但無法接受孩子哭泣。因爲她們覺得哭泣是脆弱的表現，有的媽媽自己就不接受哭泣，特別是在別人面前哭泣；有的媽媽小時候哭泣時，外婆也非常不耐煩或者毫無反應，這樣的經歷會讓媽媽覺得哭泣是非常糟糕的事情，因此壓抑並且厭惡哭泣。所以，媽媽需要瞭解：哭泣是一種情緒，沒有好壞之分，就如同悲傷不等於脆弱，恨不等於不愛一樣。媽媽應該放棄壓抑與厭惡，讓自己的情緒情感流動，這樣自然就可以很好地看見孩子的情緒、情感了。

有的媽媽不能接受孩子擁有自豪的感覺，當孩子「得意揚揚」時，媽媽總是要打壓他，原因是媽媽覺得自我表現或自我感覺良好是不正確的，孩子應該謙卑或內斂。但實際上，孩子好的感覺需要父母的確認。試想，作爲父母的我們，也希望在工作中被主管認可，因爲這樣的感覺是很美好的。所以，在心理學領域，我們反而推崇「驕傲使人進步」。我常常和我的來訪者探討，如何能讓他們放鬆一些、自信一些。如果這樣的媽媽能很自信地分享自己的成就，就也是一種進步。

有些鼓勵孩子獨立的媽媽對於孩子依戀自己的部分常常過於嚴苛，因爲她們覺得依戀他人是可怕的、不安全的，所以她們覺得孩子對自己的依戀是脆弱的表現，是可怕的。這樣的媽媽常常對孩子的需要有很多限制，對孩子的情緒情感無動於衷。比如，不給孩子買玩具，說一不二，她們的說法是怕寵壞孩子。而深層原因是，這樣的媽媽（當然也包括爸爸）的父母是不可靠、不安全以及不可依戀的，他們的成長經驗讓他們在意識層面和無意識層面都覺得依戀他人是危險的、靠不住的，也是讓人羞恥的。

因爲早年創傷，有的媽媽對軀體和情緒情感的感受能力受到了抑制，或者她們根本就沒有發展出這些能力，她們難以「看見」孩子的情緒、情感和渴望，因此也就無法「看見」孩子、鏡映孩子內在好的感覺。她們很難共情孩子的感受，因此只會和孩子說事情做得對不對或應不應該。如果你發現自己屬於這一類型的媽媽，建議你把「覺察」放在首位，即聚焦於找到對身體和心理的感覺，並命名它、體驗它，直到你不再那麼壓抑和隔離。通過這樣的方法得到自我成長後，你將更容易眞正「看見」你的孩子，而不是通過大腦的分析推斷孩子的感覺。

有的媽媽無法接納孩子的身份，比如在重男輕女的文化氛圍下，她們不接納女兒。因此內心會排斥孩子，不願意瞭解孩子的渴望和需要，更不願意鏡映「你是好的」、「你是有價值的」或「你是值得被愛的」這樣好的感覺給孩子。原因是媽媽不接納自己的女性身份，覺得女性身份是不好的，因此也無法鏡映孩子。這樣的情況具有一定的普遍性。因爲很多女性心中都有性別情結，即意識或潛意識渴望生男孩，只是有些媽媽表現得明顯，而有些媽媽表現得很隱晦而已。

也有些情況是，有的媽媽小時候遭受過哥哥的虐待，之後如果生的是兒子，就會難以接受兒子，因爲她們會把對哥哥的恨投射到兒子身上。還有很多過於爲弟弟付出的女性，這些女性都會在自我性別身份方面有認同困境。

因此，讓這些媽媽接納自己的女性身份，是解決這個問題的核心。

事實上，這些媽媽自我厭棄或不接納的部分，常常來自家庭文化和父母的價值觀，這些文化與價值觀被她們內化爲自我的一個部分。於是，在養育裡，她們無法接納孩子身上的這些特質。想改變這個部分，我建議媽媽們有意識地羅列自我厭棄、自我不接納和自我限定的內容，之後有意識地接納這些內容。只有這樣，她們才能更好地接納和看見她們的孩子。

最後，孩子和媽媽是相互依存的關係，這意味著媽媽影響孩子的同時，孩子也在影響媽媽。於是，關係在互爲主體的空間裡被塑造。如果媽媽是足夠好的媽媽，孩子也會比較溫順、親和、討人喜歡，關係就比較和諧。而媽媽本身是無法讓孩子放心依戀的媽媽，孩子也更容易出現各種難纏的問題，比如衝動、攻擊、拖延等，這常常會讓媽媽陷入崩潰和失控，並進一步懲罰或忽視孩子，導致惡性循環。

透過孩子，看見自己

透過孩子，我們總能照見自己，孩子就像自己的一面鏡子，我們常常能在孩子身上發現自己具備的部分。有些部分我們很喜歡，而有些部分我們不喜歡，這些不喜歡的部分常常成爲我們打壓的物件。但就如同上文所說，那些沒有在孩子身上看見的部分，在自己身上也無法被看見。

想做一個能看見孩子的、足夠好的媽媽，首先要能看見自己的情感、渴望和需要，看見自我限定和自我厭棄的部分，接納它們、表達它們。對自己越接納，你能看見孩子的部分就越多；當你能全然接納自己的好時，也就能去鏡映孩子的好了。

「愛他，就如他所是，而非如你所願。」

通過身體，看見孩子

無論大孩子還是小孩子，和孩子共同舞動是一個非常好的方式。舞動不用講究舞姿是否優美或者標準，只要讓自己的身體跟隨音樂儘量伸展，同時，自然地回應孩子所有的動作即可，孩子也會回應大人的動作，這個過程就是一個連結和鏡映的過程。無論你和孩子的關係如何，或者孩子之前經歷了什麼困難，一周二到三次的舞動，

每次十五到二十分鐘，這樣可以很好地修復你和孩子的關係。對於有二胎的媽媽，和兩個孩子共同舞動，可以很好地緩解兩個孩子之間的衝突，把孩子之間的競爭變成合作和快樂的體驗。

身體是最原始的自我，對於言語發展還不夠成熟的孩子來說，用身體表達自我是一個非常好的方式。和孩子舞動，既是在看見和回應身體，也是在看見和回應心靈與情感。

第二十二課

涵容：如何容納和處理孩子的負面情緒及衝動行為

孩子的負面情緒及衝動行為

很多孩子在面臨自己無法承受的情緒，比如被批評、忽視和控制時，常常是用行動表達自己的感受，而不是用語言。

比如，二到四歲的孩子，口頭語是「不要」「我自己來」。媽媽們會發現，孩子常常堅持不合理的自我主張，如果你不順著他，他就可能尖叫或大哭。有的孩子在商場看到自己喜歡的玩具或想吃的零食時，就要馬上買，你不滿足他，他就哭鬧，甚至躺在地板上耍賴。這常常讓媽媽感覺很丟臉，甚至惱羞成怒。

還有讓媽媽們很頭疼的是小學低年級孩子的拖延症。比如上學時，孩子起床和洗漱都很拖延，眼看就要遲到了，孩子還拖拖拉拉，母親不生氣好像就搞不定孩子。再有讓媽媽們暴跳如雷的就是寫作業拖延，孩子總是一會兒玩玩橡皮擦，發發呆，一會兒上個廁所，撓撓頭，該睡覺了，才發現作業還沒完成。

以上列舉的現象只是媽媽們面對孩子情緒困境的冰山一角。這些情緒和行爲的背後，常常隱含著一系列深層的心理動力。

如何理解孩子的負面情緒及衝動行為

孩子常常用哭鬧、對抗甚至打人的方式表達憤怒，一方面，這是因爲他們的大腦和心智還沒有發育健全。

當孩子感到被忽視、被限制、被責備和不被滿足時，就會表達負面情緒，主要表現爲哭鬧、尖叫、對抗、打人等。這是因爲他們的大腦和心智的發育程度還不足以支撐他們「有話好好說」，他們的認知能力、自我控制能力和言語表達能力等都不夠好。而在心智上，孩子還處於以自我爲中心的階段，很難換位思考。

因此，孩子說不出來，甚至也識別不了內心的痛苦、憤怒、委屈和難過，他們只能用情緒和行爲表達。認識到這一點很重要，因爲我們常常忽視孩子還是孩子，就像當我們還小的時候，父母忽視我們一樣。

另一方面，孩子很多帶有攻擊性的情緒表達是成長的助力，也是促進成長的積極要素。也許，你會感覺這個觀點匪夷所思，因爲無論我們自己還是別人都會覺得乖孩子更好。但是，乖孩子實際上是攻擊性被壓抑、無法表達自我的孩子。攻擊性是生命力的驅動力，攻擊性的表達也意味著自我主張的表達。細想一下，我們自己都還在自我成長，渴望成爲眞正的自己，因此，我們也應該讓孩子做自己。

所以，我們需要對孩子的負性情緒及衝動行爲重新進行定義。孩子的攻擊性通常意味著他們在表達自我主張、堅持自己、發展自我人格的獨立性、設定自我的疆界。所以，尊重孩子的情緒表達有利於孩子的人格發展。

有一位媽媽向我抱怨：在她訓斥了孩子寫作業拖延的行爲之後，孩子就一直和她對抗，寫作業時更加磨磨蹭蹭，這讓她怒火中燒。我換一個理解角度對這位媽媽說：「我覺得你的孩子內在是有力量的，你責備他，他感覺很憤怒，但他敢於表達自己，敢於對抗你。他敢於這樣表達，說明在你和他的關係裡，他的感覺是安全的。」

這樣積極的理解會讓我們更加接納孩子的情緒。自我的確立是在對抗父母的過程裡漸漸實現的。制定規矩是用來做什麼的呢？心理學的一個理解是，制定的規矩是用來打破的。因爲打破規矩意味著挑戰權威，意味著攻擊性的表達和生命能量的流動。我們都不希望自己的孩子長大之後對主管戰戰兢兢，不希望自己的孩子面對外界的任何規則都不敢說「不」。因此，孩子打破規則的行爲是有積極意義的。

當我們從積極的方向理解孩子無法接納的情緒和行爲時，我們就能更好地愛孩子，也能更好地包容孩子的情緒和行爲。這對於孩子的發展具有極大的促進作用。

孩子的負面情緒及衝動行為的深層原因

我們會發現，有的孩子在表達攻擊性時力度比較適中，屬於正常的表達範圍。而有些孩子攻擊性極強，甚至難以安撫，常常讓媽媽們因感覺崩潰而對孩子發怒，之後又因發怒而內疚。

如果孩子攻擊性極強、情緒失控難以安撫，或者常常哭鬧不止，那麼深層的原因可能是：其一，媽媽對情緒的涵容功能不足，導致孩子情緒調節能力不足；其二，不安全依戀導致孩子表現出憤怒和攻擊性，並且影響到孩子的情緒調節能力。

長期的忽視、拋棄、拒絕和虐待會導致不安全依戀，而不安全依戀會讓孩子處在壓力情景裡。在孩子大腦和心智發育還不健全的情況下，孩子只能通過表現憤怒和攻擊性讓自己被父母看見、理解和回應。如果父母不能理解孩子，就會對孩子感到不耐煩或憤怒，覺得孩子不懂事，甚至懲罰孩子。這就容易形成一種惡性循環，即孩子更加不會表達自己，也更加沒有能力調節自己的情緒。

比如，當媽媽生二胎時，大寶就常常因爲小寶的出生變得更具攻擊性，也更加黏人。有時候，大寶甚至會退回更小年齡的孩子的位置上。這是因爲大寶感到自己正在失去一部分或幾乎全部的媽媽的愛，可能還會面臨分離或被忽視，這就容易使大寶形成不安全依戀。這些喪失帶來的痛苦讓大寶難以承受，所以他會通過行動表達自己的痛苦，比如哭鬧、對抗和打人等。

如何發展母性的涵容功能

情緒調節的能力是指當一個人感覺憤怒、恐懼、羞恥或內疚的時候，他擁有一種內在自我調節的能力，即內心可以容納這些感覺，並對這些感覺加以思考、理解和消化，最後轉化爲一種更加溫和的情緒。心理學家比昂稱這樣的能力爲母性的「涵容」，它是媽媽養育孩子的一個重要功能。

涵容是一個過程。比如，當孩子發脾氣的時候，媽媽可以容納孩子的憤怒和攻擊性，然後在內心對這些情緒進行思考和理解，並在轉化爲孩子可以接受的情緒之後傳達給孩子。這樣的過程也是孩子被媽媽「看見」的過程。當孩子感覺被看見，情緒就會平靜下來。反復之後，孩子就會內化媽媽涵容的功能，他自己也能消化和轉化負性情緒。如果媽媽沒有涵容功能，孩子也就無法發展這個部分，這會導致孩子情緒調節能力低下，遇到挫折就亂發脾氣，難以安撫。

食物好比孩子的情緒，沒有涵容功能就好比消化不良，會讓人胃痛、胃脹甚至便秘；同理，媽媽無法消化和加工孩子的情緒，孩子就會被自己的情緒淹沒，變得歇斯底里或者崩潰。

那些無法涵容孩子情緒的媽媽，可能在早年的成長中她們自己的情緒沒有被看見、被涵容。因此，涵容功能具有代際傳遞性，媽媽缺失涵容功能，常常是因爲代際創傷，即媽媽自己的情緒在早年沒有被很好地涵容。

比如，剛剛上幼兒園的孩子會有很強烈的分離焦慮，因此常常哭鬧著不去幼稚園。媽媽對孩子的涵容就是接納孩子的哭鬧，並思考孩子哭鬧的原因，理解孩子因與媽媽分開而感到害怕和焦慮是很正常的。

媽媽在接納、思考和理解之後，可以和孩子說：「媽媽知道你不想上幼兒園，不想和媽媽分開，媽媽知道你會想媽媽，會難過，媽媽也會想你。媽媽會早早來接你……」當然，這樣的話可能需要反復說。慢慢地，孩子的情緒就會穩定下來。

如果媽媽不能涵容孩子的情緒，孩子會更加焦慮和害怕，並形成一種惡性循環。有的孩子會鬧得更厲害，而有的孩子則會隔離自己的感受。

再比如，如果孩子感到恐懼，可以通過對恐懼情緒的描述幫助孩子命名這種感覺，並且思考和理解恐懼的來源。之後再用孩子聽得懂的語言和孩子交流，這樣，孩子對恐懼的感覺就會更清晰，他們會更加瞭解自己的感受。

我們可以使用如下的命名詞彙：

好的感受——興奮、喜悅、欣喜、甜蜜、感激、感動、樂觀、自信、振作、振奮、開心、高興、快樂、愉快、幸福、陶醉、滿足、平靜、自在、舒適、放鬆、輕鬆、踏實、安全、溫暖、放心、鼓舞、欣慰；

不好的感受——著急、害怕、擔心、焦慮、憂慮、緊張、憂傷、沮喪、灰心、氣餒、失落、洩氣、絕望、傷感、淒涼、悲傷、惱怒、憤怒、煩惱、苦惱、生氣、厭煩、厭惡、不滿、不快、不耐煩、不高興、震驚、恐懼、恐慌、失望、困惑、茫然、寂寞、孤單、孤獨、無聊、鬱悶、煩悶、煩躁、傷心、難過、悲觀、沉重、痛苦、麻木、尷尬、慚愧、內疚、妒忌、遺憾、不舒服。

我常常感嘆，作爲母親眞的很不容易，既要管孩子的吃喝拉撒睡，還要承受孩子的攻擊性。我想，也只有愛才能讓各位母親這樣爲孩子付出。

提升媽媽的涵容功能，可以秉持以下原則。

第一，看見並且安撫孩子的情緒，試著用語言描述孩子內心的痛苦和情緒。比如，不讓孩子看電視的時候，孩子會哭鬧。我們這時可以和孩子說：「媽媽知道你因爲不能看電視，感到非常難過和憤怒。媽媽和你協商，我們再看幾分鐘，然後就不看了。」你還可以通過和孩子一起做遊戲來轉移孩子的注意力。

如果媽媽無法理解孩子的情緒，媽媽可以通過提升自己對情緒、情感的理解能力提升對孩子情緒的理解。比如媽媽需要常常關注和覺察自己的感受及身體的感覺，用以上有關感受的詞彙命名，充分體驗之後，再反思自己爲什麼會有這樣的感受。這需要長期反復的練習，也是提升媽媽處理情緒的能力的最好方式，即提升涵容的功能。

第二，在和孩子溝通的過程中，如果孩子的情緒非常大，可以適當等一等。在態度上，要始終保持不含敵意的堅決。關鍵在於，在等待的過程，媽媽需要同時處理自己內在的情緒，如果媽媽不帶情緒，孩子就會比較快地被安撫。如果媽媽內在壓抑了很多的煩躁和憤怒沒有消化，孩子是能感知的，這時的安撫效果並不好。

第三，就像美國著名教育家貝裡・佈雷澤爾頓（Berry Brazelton）強調的：「我的工作物件既不是孩子，也不是父母，而是他們之間的關係。」所以，我們在和孩子的關係裡，應始終保持自我反思，反思的內容是和孩子的關係。

我們可以問自己幾個問題。

孩子爲什麼鬧脾氣或者拖延？其中的關鍵點是什麼？關鍵點指的是常常讓孩子哭鬧或者崩潰的點。

孩子的情緒是什麼？在表面情緒背後還有其他的情緒嗎？比如憤怒的背後

是委屈或者恐懼。核心的情緒可以是恐懼、憤怒、委屈、悲傷、羞恥和內疚等。情緒是行為的驅動點，孩子行為的背後一定隱含著多種情緒，有些情緒有時候甚至是互相矛盾的。

我們自己的情緒是什麼？我們會有不止一種情緒，比如我們常常對孩子憤怒的同時還有內疚。找到情緒之後問自己：在過往成長的記憶裡我們熟悉這些情緒嗎？這些情緒都是由什麼觸發的呢？我們在憤怒什麼？悲傷什麼？又為什麼會感到羞恥呢？

問自己這些問題，有助於人們思考、理解和促進與孩子的關係，以及關係的核心部分，即情緒情感。

最後，有一點需要強調：如果孩子總是情緒失控或有衝動行為，也可能是生理、心理的原因。必要的話，媽媽們可以帶孩子去醫院檢查。比如，患過動症的孩子就很容易衝動，很難集中注意力。有些患憂鬱症的孩子也容易情緒失控，等等。

透過遊戲，看見孩子

遊戲提供了一個過渡性空間。內在的心靈、潛意識的衝突、無法涵容的情緒都會在遊戲裡呈現。透過遊戲，我們可以非常好地容納和加工情緒。

對於攻擊性強的孩子，爸爸、媽媽和孩子可以共同設計一些具有攻擊性的遊戲，比如玩水槍、枕頭大戰遊戲，還可以買一些孩子喜歡的玩偶，然後和孩子一起遊戲。攻擊性的遊戲的核心要點在於孩子可以按他自己的意思表達，但要規定不可以直接攻擊身體，我們不能讓孩子傷到我們的身體。遊戲必須有規則，而規則是父母和孩子一起討論制定的，這個過程需要發揮父母和孩子的創造性，這樣，規則最後會內化成一種孩子內在的自我控制能力。如果孩子攻擊到父母的身體，父母要用語言表達，比如「這樣媽媽（爸爸）是會痛的」。

對於情緒有困難的孩子，父母可以和孩子玩角色扮演的遊戲。比如孩子扮演父母、老師或者動畫片裡的某個人物，而父母扮演孩子、學生等。讓孩子成爲遊戲的創造者，這對於孩子的控制能力以及修復自信非常有幫助。

在遊戲中注入連結非常重要，我們需要感應到孩子的反應。同時，不管在遊戲中看起來多麼具有攻擊性，只要我們能穩穩地容納這種攻擊性，一方面，孩子在和父母建立連結的安全氛圍裡就能釋放完攻擊性；另一方面，孩子也學會了控制自己的攻擊性。

不用過於思考和在意遊戲的內容，遊戲的重點是跟隨孩子展開遊戲，也不用擔心孩子在遊戲中表達的內容是否合適，只要是孩子自己發展出來的遊戲，對孩子的內心世界就都是有意義的，都是孩子自發的表達。遊戲的核心是父母要不斷和孩子共同拓展遊戲的內容及情境，這也是一個協助孩子發展創造性的過程。

第二十三課
心智化：心智水準高的媽媽會讓孩子擁有高情商

孩子的情商和媽媽的心智化

高情商是一個人建立好的人際和親密關係的基礎，是幸福和成功的基石。作爲媽媽，我們都希望孩子擁有高情商，那麼，如何擁有呢？事實上，在擁有安全依戀的基礎上，孩子情商高不高取決於媽媽是否具備心智化的能力。

通俗理解心智化就是將心比心、換位思考的能力。這是一種心理的智力，即關注自我和他人的心理狀態，並理解、推斷背後原因的能力。心理狀態包括一個人的情緒、情感、欲望、思維和信念等。

舉個例子，在弟弟出生之後，我的大女兒有了很多嬰兒式的需求，比如尋求父母更多的關注、要求吃米糊、把弟弟的睡袍當旗袍等。

如何理解女兒的行爲呢？

事實上，因爲弟弟的出生，女兒感到我對她的愛被分走了，這對她而言是一種喪失。於是，她用了一種更加依戀我的方式，即退到更小孩子的狀態，想以此獲得我的關注和疼愛。理解這個過程的能力就是心智化。心智化讓我理解我的女兒，而不是責備她發脾氣，責備她把弟弟睡袍撐破了。

同胞競爭的情況在有二胎、三胎的家庭比較普遍。媽媽的心智化能力對於化解同胞競爭帶來的傷害舉足輕重。

媽媽心智受損導致孩子情商低

如果媽媽心智受損，那麼孩子理解自己和他人的能力也會受到影響，即情商低。心智受損的媽媽有什麼特點呢？比如，她們常常不能理解自己爲什麼會得罪別人，也不明白他人爲什麼生氣，或者總是後知後覺。

在養育孩子的過程中，有些媽媽很愛孩子，也積極地關注孩子，但總關注不到問題的關鍵。比如，我們可能覺察不到孩子和我們分享她的事情的初衷和渴望，而是在關注其他事情，這常常讓孩子感到失望，從而放棄和我們溝通。

我記得有個來訪者說，在她四歲搬家的時候，媽媽當著她的面把她最喜歡的玩具送給了親戚。她當時哭得歇斯底里，但是她的媽媽覺得那只是玩具。事實上，這個玩具對還是孩子的她來說，其實是「過渡性客體」，即在心理上，玩具可以代替媽媽，幫助她度過和媽媽分離的困境，是其成長過程中非常重要的物件。

就像我女兒有一個小毯子，她一直抱著睡到讀小學的年紀，外出旅遊時也要帶著。這個小毯子象徵著我一直陪伴著她，這是她可以控制的、可以帶給她溫暖和安全感的物件。所以，那位媽媽把玩具送人的做法是對孩子的一次情感剝奪。

如果在養育的過程裡這樣的情況常常發生，那麼，孩子的心智發展就容易受阻，這會導致孩子情商低下。這是因為，孩子是透過媽媽而看見自己的。孩子要能理解他人，必須先被理解。因為，心智化依賴於被心智化，也就是依賴於其照顧者的心智化。就像一個人在鏡子中照見自己後才知道自己長什麼樣。比如，之前提到的鏡映和涵容的母性功能，都是以心智化為基礎運用的。而心智受損的媽媽對孩子的負面情緒更敏感，她們會被自己的情緒淹沒，因而無法理解和思考孩子的情緒，也就是無法心智化，這就影響了媽媽鏡映和涵容孩子的功能。

舉個例子，曉斌（化名）是兩個孩子的媽媽，老大是女兒（六歲），老二是兒子（三歲）。兒子出生之後，大家都比較關注兒子，忽視了女兒。之後，女兒和媽媽的關係從安全依戀變成不安全依戀，這種變化主要表現為常常發脾氣、哭鬧，然後等待媽媽安撫，但是又難以安撫。

曉斌因為無法涵容女兒的情緒前來諮詢。她發現，只要女兒一有情緒，她就會感到憤怒和崩潰，心裡有一個聲音：又來了，又來了。她有時想推開女兒，女兒越鬧，曉斌越不想理她，甚至有時候就讓自己保持沉默，完全不回應女兒。這導致了惡性循環，女兒的脾氣也越來越大。

曉斌感到了女兒的情緒，但自己被由這件事引發的情緒淹沒和驅動，無法思考女兒為什麼發脾氣、鬧情緒。事實上，孩子的情緒通常是有來由的。孩子的心理狀態常常無法言語化，他們更多時候通過行爲表達自己的情緒，比如哭鬧、發脾氣等。所以，媽媽需要透過孩子的行爲理解孩子的情緒以及情緒背後的原因，這就是心智化的過程，這個過程很考驗媽媽的心智水準。

如果孩子長期無法被理解，其心智就會受損，長大之後可能難以理解自己和他人的心理狀態。要想提高孩子的情商，作爲媽媽的我們需要先提升自己的心智化水準。

如何提升父母的心智化能力

提升心智化能力，應主要聚焦於以下三個方面。

1．提升自我覺察

自我覺察是心智化的核心，提升自我覺察的關鍵點在於自己。自我覺察即覺察自己的心理狀態，比如身心感受、渴望、欲望、期待、信念等。我們常常受潛意識的影響，按慣性的模式認知、理解和反應事物。這是因爲我們總被潛意識驅動著思考、感受和行動，而潛意識是由過去的經驗決定的，這在很大程度上限制了我們，也影響了我們對現實的感知和反應。

比如，一個在忽視背景下長大的女孩很容易在人群裡感覺被孤立。她感到自己被他人忽視，但是她可能不知道，自己之所以被忽視，也許是因爲她無法發出連結的信號，所以他人不知道如何與她產生連結，這是一個強迫性重複。提升自我覺察的一個辦法就是讓自己發展出一個觀察性自我，一個可以在內部和自己對話的自我。這個女孩也許可以在感覺自己被忽視的時候讓自己的思維有意識地停下來，然後去思考和理解這種強迫性重複，並鼓勵自己和他人建立連結，看看會發生什麼。成長和改變總是在眞實的關係裡發生的。

這個過程也培養了多視角的自我意識，這可以讓我們從多個角度理解和看待問題，讓我們不被過去限定、被潛意識控制。

再比如，當曉斌因女兒的哭鬧怒火中燒的時候，她可以有意識地和自己對話，這就是自我覺察在發揮作用。遇到這種情況時，如果條件允許，我們可以找個安靜的空間待著，如果不允許，那就先想辦法讓自己冷靜下來，比如喝一杯冷水，之後再覺察和反思發生了什麼。這樣，我們通過自我覺察在不可忍受的情緒中「按下暫停鍵」，這是很重要的部分，它讓我們不會被自己的情緒控制。

2．提高共情能力

共情是心智化的基石，共情關注的焦點在他人。關係總是包含自己和他人，所以，要想經營好親子關係和親密關係，我們需要關注他人。

共情需要你明確地把對方當成獨立的個體，這意味著容納差異性。如果不能把對方當成獨立的個體（包括把嬰兒當成獨立的個體），那麼很多改善關係的方法都是無效的。

共情讓你可以通過自己看見別人，即你可以通過覺察自己的感受去理解他人的感受。比如，當你感到憤怒的時候，常常對方也處在憤怒的狀態裡。在精神動力學的心理諮商中，諮商師就是通過自己的感受來理解來訪者的感受的，而不是通過大腦推論來訪者的感受。共情意味著感同身受，共情的能力意味著感同身受的能力。

在所有的關係中，你都可以通過問自己以下問題提升共情能力。

當你那麼說了或做了之後，她會產生怎樣的感受？

表面感受背後的深層感受是什麼？爲什麼會有這樣的感受？比如，當你憤怒的時候，你可以問自己你還感受到了什麼？是羞恥嗎？爲什麼羞恥呢？

3．行動之前進行思考

你應該在行動之前進行思考，即心智化。當我們無法容納焦慮、憤怒或羞恥的情緒時，我們常常通過行動緩解情緒。比如，在很生

氣的時候打孩子、威脅孩子，事後又後悔；在和丈夫爭吵的時候提離婚，實際上並不是眞的想離婚，等等。這種用行動化取代心智化的行爲，使我們在關係中容易傷害彼此，也會導致強迫性重複。因此，在行動之前，可以問問自己：除此之外，還有別的方式嗎？覺察和思考之後再行動，這永遠比直接行動更成熟。

我們越想即刻行動，就越需要讓自己耐得住，讓自己等等看。也許在這個等待的過程裡，我們的感受、想法和決定都會發生變化。

透過故事，看見孩子

除了和孩子玩耍，另一個提高孩子心智水準的好辦法是給孩子講故事。媽媽們可以在講完故事之後，和孩子就一到兩個議題進行討論。父母需要創造一個自由的空間，在這個空間裡沒有評判和定義。討論可以圍繞下列問題展開。

描述故事講述的是什麼。

故事涉及的情緒情感有哪些？

孩子自己有什麼想法和想像？

如果故事可以更改，孩子會如何創造新的故事或者結局？對於不同年齡段的孩子，家長可以根據孩子自身的情況選擇不同主題的繪本。繪本故事裡的很多隱喻都可以被孩子理解和吸收。

第二十四課

遊戲：和孩子這樣玩耍，讓孩子具有創造性

孩子需要「玩耍的童年」

我們的童年可能是在照顧弟弟妹妹和做家務中度過的，或是在父母對學業的嚴格要求下的刻苦學習中度過的，當然，偶爾還有父母的忽視或批評、指責等，這些都讓我們失去了「快樂的童年」。

如今，爲了讓自己的孩子有一個更美好的未來，上一所好大學，我們花了大量的時間和金錢關注孩子的學習，給孩子報很多才藝班，希望孩子掌握更多的技能，從而能更自信。在這場「不能輸在起跑線上」的競爭中，作爲父母的

我們承受了很大的焦慮和壓力，而同時，孩子自由玩耍的時間也被剝奪。

我們可能需要反思：這樣做眞的能達到我們的教育目的嗎？精神分析對於母嬰關係和人格形成過程的研究讓我堅信這樣一個觀點：孩子需要「玩耍的童年」。奧地利心理學家梅蘭妮．克萊因（Melanie Klein）和安娜．佛洛德（Anna Floyd）等最早把遊戲運用於臨床諮詢，遊戲也成爲現在的心理學工作者對幼兒和兒童進行諮詢的主要方法，這種方法被稱爲「遊戲治療」。因爲，和孩子玩耍在我們與孩子的內在世界之間建立了一座溝通的橋樑。

事實上，玩耍的空間是成人和孩子的內在世界以及情緒、情感距離最近的空間。

自由自在地玩耍的好處

早在一九六一年，「國際遊樂協會」在丹麥成立，該協會旨在保護兒童自由玩耍的權利，並向全社會宣傳自由玩耍的重要性，之後其理念在全球得到發展，自由玩耍漸漸被更多的人重視。自由自在地玩耍對孩子具有重要意義。

1．自由玩耍是父母和孩子建立情感連結的重要方式

高品質的陪伴是養育中非常重要的點，而和孩子自由自在地玩耍是高品質陪伴的一種表現形式。

因爲孩子的大腦、認知水準和心智發育還在進行中，他們並不能很好地理解和加工現實。而遊戲提供了一個空間，它讓孩子可以盡情幻想和假設，遊戲也在孩子內在世界和現實世界之間建立了一個過渡空間。在這個空間中，孩子可以表達自己的渴望、情緒與幻想，而媽媽也可以借此機會體驗孩子所表現的渴望、情緒與幻想。

這樣的相聚就是最高品質的陪伴。

比如，一到五歲左右的孩子喜歡玩「躲貓貓」的遊戲。在孩子的內在世界裡，自己消失了，然後被媽媽找到了；或媽媽消失了，他找到了媽媽。這樣的遊戲過程讓孩子學著處理媽媽的消失或與媽媽的分離。孩子們在這個過程裡找到了掌控感和力量感。

再比如，最近我每天都和四歲多的兒子玩「火車遊戲」。對於男孩而言，競爭性和攻擊性常常是遊戲的主題。在這個過程裡，他還會設計火車脫軌的遊戲情節，而我或他是修理火車的工程師。這個過程也是孩子內心關於毀滅和重建的向外投射，孩子常常重複這樣的過程，以此建構內在世界。

遊戲常常具有神奇的效果，和孩子自由玩耍不僅能修復親子關係的裂痕，還能平息孩子難以承受的各種情緒，比如焦慮、恐懼和憤怒等。

比如，在我女兒四歲左右的時候，我的爸爸爲了讓她乖一些，常常用「小偷」嚇唬她。雖然我知道之後，制止了我爸爸這樣的行爲，但到了晚上，女兒還是非常害怕有小偷進房間把她偷走。我和她講了許多道理，但是都沒有效果。於是，我決定和她玩一個「小偷」的遊戲。遊戲內容是我在與她溝通的過程中，由她設計的。具體內容是：她假裝自己在睡覺的時候被小偷偷走，然後很害怕，而我是那個小偷，之後她趁我不注意跑回家了。她前後被這樣「偷了」二十多次遊戲才結束。通過遊戲，她知道自己就算被偷走，也還有能力逃脫。她找到了一種安全感和力量感，因此，她不再怕小偷。遊戲的整個過程其實也是她療癒自我的過程。

2．自由玩耍是創造力的源泉

溫尼科特等眾多心理學家都提出，創造力是孩子在自由自在地玩耍中得到的。同時，父母和孩子安全的情感連結是孩子創造性萌芽和發展的搖籃，也是孩子自由玩耍的前提。

事實上，玩耍是兒童的一種學習方式。孩子常常會在和同伴或父母的自由玩耍中利用豐富的想像力，不斷嘗試新的活動和角色，比如女孩扮演醫生、老師或公主，躲貓貓、玩扮家家酒；男孩則常常會假裝對抗。這些遊戲充滿了創造性和可能性，孩子通過這些玩耍，學會分享、拒絕、妥協和協商。這個過程既讓孩子自發創造了遊戲，也培養了孩子創造性地解決問題的能力。

如何提升和孩子玩耍的能力

孩子自由玩耍的能力取決於我們鼓勵和陪伴他們玩耍的能力，我們需要先改變自己的觀念。

1．改變觀念

給予孩子更多玩耍的時間和陪伴孩子玩耍常常會引發我們的焦慮。一方面，我們覺得孩子還有很多課業需要完成，很多書籍需要閱讀，周圍的媽媽都在讓孩子學習各種技能，這些現實因素會讓我們對孩子的玩耍感到焦慮。另一方面，我們作爲中年人，也常常感到無形的壓力和身心疲憊，這常常讓我們無力和孩子玩耍。

當我們知道玩耍的重要性時，也許我們可以做一些和孩子玩耍的計畫。比如，我的計畫是每天預留固定的四十分鐘用來和孩子自由玩耍。媽媽們可以根據自己的情況制訂具體的玩耍計畫。對於有二胎的媽媽而言，這樣的時刻更加重要。自由玩耍可以讓孩子很好地處理同胞競爭的問題。

2．找回你內在快樂的小孩

對於我們而言，和孩子玩耍在很多時候並不是一件容易的事情，因爲我們可能已經失去了玩耍的能力。壓力、責任和工作常常讓我們疲憊不堪，而煩瑣的家務也讓我們筋疲力盡。即使空閒下來，我們也只想讓自己擁有私人時光，好給自己「充電」。這時候如果還要陪孩子玩耍，我們可能會感到極不耐煩。我自己常常需要在哄孩子入睡之後，再獨處一到二小時。感覺只有這樣自己才能眞正放鬆下來。如果我們保有童心，那麼和孩子玩耍也不是一件讓人心煩的事情。因爲玩耍可以爲我們減壓，關鍵是我們需要找到「內在小孩快樂的感覺」。無論我們是否擁有快樂的童年，我們都可以創造一個快樂的時刻。不要被過去的經歷限定，請你讓自己內在渴望快樂的小孩發聲。也許你會發現，放下過去和現實的煩惱，關注當下，你會在和孩子玩耍的過程中找到共鳴，獲得一種愉快、喜悅和溫暖的感覺。

你也可以試著回憶自己童年的快樂時光，將那段時光留在你的心中。

我常常會想起我的童年，童年那些讓我記憶深刻的事情，基本都是我和弟弟、表姐做的一些「無厘頭」的事情。因爲生長在鄉下，所以我總是充滿冒險精神。我發現，這些經歷越來越成爲我寶貴的記憶，這些美好的時光，可以讓我和孩子在玩耍的時候產生連結。

「自由」很重要

很多遊戲有完善的規則，比如足球和籃球等，這樣的遊戲和自由玩耍是極爲不同的。有規則的遊戲當然非常棒，但是，自由玩耍是由孩子自發設定規則且自由變動的，極具創造性。所以，父母在和孩子做遊戲的過程中，不要控制孩子「玩耍」，不然就失去了「自由」的意義。

我們要理解玩耍的意義，發展與孩子玩耍的能力。我相信每一個媽媽都有自己獨特的創造力，而和孩子共同設計遊戲這個過程本身就極具創造性，也是最珍貴的部分。具體的遊戲方案可以參考《遊戲力》系列書籍。

願我們都能找到內在快樂的小孩，給孩子一個自由自在的玩耍空間，讓孩子成爲孩子，擁有快樂的童年。

透過探索，看見孩子

探索是孩子的天性。因此，給孩子提供一個安全的探索空間，是讓孩子自由玩耍、培養孩子創造性的基礎。

從出生幾個月開始伸手抓玩具，到牙牙學語，再到蹣跚學步，孩子一直在探索這個世界，而探索讓創造成爲可能。鼓勵孩子的好奇心和探索的欲望，減少不必要的限制，可以讓孩子更具創造性。許多的活動和遊戲裡都隱含了孩子探索的精神，比如積木、樂高、繪畫、舞蹈以及音樂等，但是，遊戲或者興趣一旦被父母強加一種要求、一種標準，那就失去了探索的意義，孩子對探索的興趣就變成了競爭的壓力，這種興趣就會失去生命力。在這種外力的約束下，孩子是不會有創造性的。

第二十五課

信任：通過信任，發展孩子的自主性和能動性

信任是一種能力

有一次，我的一位女性朋友問我，爲什麼她上一年級的兒子早上上學時總是非常磨蹭，從起床到穿衣，從洗漱到吃早餐。她常常因爲趕時間不斷地催促孩子，這讓她非常焦慮和煩躁。而這種情況從孩子上幼兒園時就開始了。

還有的媽媽向我訴說陪孩子寫作業的痛苦，孩子的拖延和走神讓人難以忍受。孩子到了睡覺的時間，而作業還有一大半沒有完成。

孩子爲什麼如此拖延，爲什麼不能擁有自主性和能動性，主動規劃好時

間、安排好事情呢？原因是，孩子的自主性被剝奪了。有時候，媽媽們難以接受這一現實。因爲每個媽媽都爲孩子付出了很多，結果這種付出被證明是錯的。然而，事實確實如此。

孩子的自主性被剝奪，是因爲媽媽無法在內心信任孩子。而信任孩子是媽媽的一種必備能力。

自主性是一個人能按自己的意願努力和行動的一種內驅力。我們常常深有體會的「拖延症」就是人失去內驅力時的狀態。自主性強的人最明顯的特質就是積極、主動地計畫和行動。而自主性是孩子在嬰幼兒時期和兒童時期和父母的互動中獲得持續的信任性支持的結果。

探索是人的本能，也是推動人進化的一個非常重要的因素。我們也總能從孩子身上發現這一點：從翻身、爬行和站立，從蹣跚學步到自己吃飯穿衣，等等，孩子對任何事都充滿了好奇。每實現一個小小的進步，孩子都無比喜悅。孩子的自主性就是在這個過程中因得到父母的支持、鼓勵和讚賞而發展的。

比如，當孩子剛剛學走路的時候，我們會站在孩子對面遠一點的地方伸出雙手，在孩子快要摔倒的時候扶住他；當孩子會走之後，我們會試著讓孩子自己走，不再隨時扶他；而當孩子摔倒的時候，我們會關注、關心和鼓勵他。這樣的過程充滿了信任性的支持。雖然我們知道孩子會摔倒，但還是相信孩子可以學會走路。

不過，我們並不是對所有的事情都充滿信任感。比如，當孩子要自己吃飯的時候，我們擔心他們吃得到處都是；當孩子要自己穿鞋的時候，我們覺得孩子動作太慢；當孩子要上學的時候，我們比孩子還焦慮；我們怕孩子摔了、疼了、受傷了，因此，總是小心翼翼……我們打消這些憂慮最簡單的方式，就是幫孩子做他們應該自己學習和探索的事情。

因此，有時候我們剝奪了孩子自己嘗試、做決定的機會，剝奪了孩子體驗成功和失敗的機會。久而久之，孩子的自我功能就被媽媽取代了。孩子會越來越依賴媽媽，依賴的背後，是感到自己什麼也做不好，這時，一種低自尊就此滋長。結果是孩子對自己要做的事情越來越沒有興趣，因爲在他們的潛意識裡，那些都是媽媽要做的事情。而沒有興趣的表現是拖延，深層原因是對抗。

孩子的自我功能無法充分地發展，孩子的自主性就會受損，孩子就會感到失去自我，這是讓人非常恐懼的事情。舉個例子，如果你的主管會把任何事情都交代好、安排好，你只需要按照他的指令行動就可以了，你會有什麼樣的感覺呢？我對這樣的工作沒有任何興趣和動力，我感覺這樣的工作沒有意義，因爲事情做好、做壞都是主管的事情。而我們和孩子的關係也如此。

所以，爲了確保自我的獨立性，孩子必須要對抗。你越叫他快點洗漱，快點寫作業，他就越慢；你越急，他就越拖。

媽媽為什麼會喪失對孩子的信任

作爲媽媽，爲什麼我們會對孩子有那麼多的焦慮，而不能像孩子學走路時一樣信任、支持和鼓勵他們呢？原因是，媽媽把自我不能接受的部分投射給了孩子，認爲孩子笨、做不好事情等，這也導致孩子在接受了媽媽的投射之後，覺得自己很糟糕。事實上，爸爸也常常這樣做。

比如，我四歲多的兒子在近一年的時間裡，說得最多的一句話就是「我自己來」。他要自己吃飯、穿鞋、洗手等。

在這個過程中，我丈夫就比較焦慮。他有完美主義傾向，總是覺得孩子太慢或做不好。雖然他沒有用語言表達，但他用行動表達了，即自己動手幫孩子做。他把自己無法接受的部分，比如做事情拖拖拉拉、只做六七十分的程度等投射給孩子，他認爲孩子是故意這麼做的。他忘記了孩子還不能做到像他要求的一樣又快又好。其實，我們大人常常也做不到。

再比如，有一個爸爸因爲正在讀國中的兒子玩手機而非常焦慮和崩潰。他發現兒子不能按照約定，只在週末玩一小時的手機。於是，他不僅沒收了孩子的手機，還打算在孩子的房間安裝監控，因爲他擔心孩子借同學的手機玩。在父子之間發生了劇烈的爭吵之後，孩子離家出走了。這位爸爸非常認眞地說，孩子玩手機以後就「廢了」，考試退步都是因爲手機。

和這位爸爸溝通了之後，我發現這個孩子的學習成績在班裡排前十名，並不像爸爸說的那麼不好。事實上，這位爸爸把認爲孩子沒有自制力和沒有自我管理的能力的看法投射給了孩子，也把自己內心對失敗的預言投射給了孩子，他非常焦慮。而限制孩子玩手機是爲了控制焦慮。如果爸爸收回投射，相信自己的孩子，對孩子的未來充滿信心，那麼，他也就不會焦慮了。

事實上，孩子的拖延或對抗是自我保護性行爲，常常是爲了拒絕接受父母糟糕的投射。

如何獲得信任孩子的能力

即使你發現自己出現了以上情況，也不用太憂慮之前的養育方式，因爲我們可以把焦點放在現在和未來。

想信任孩子，我們需要接納自我。我們不能信任孩子的重要原因是，我們把自我無法接納的部分投射給了孩子。因此，我們需要把這種投射收回來。在此之前，我們需要先搞清楚自己投射了什麼給孩子。

我們可以透過尋找自我無法接納的部分確定我們投射了什麼。比如，一位成績非常優秀而焦慮的媽媽給孩子報了非常多的課程，她在意識層面覺得孩子成績達到中等水準就可以，而在潛意識層面卻覺得孩子只有拿第一才算合格。因爲她小時候幾乎都是年級第一，而成績是她獲得父母認可的唯一方式。她覺得考不了第一就不好，他還把這個觀念投射給了自己的孩子。其實，這位元媽媽需要接納自己，即使不是第一或不夠完美，她也是很棒的。

當然，我們也可以通過瞭解孩子無法接納的部分確定我們投射的內容。比如，試著羅列孩子讓我們焦慮或不滿意的事件和行爲，總結之後再尋找投射的點，然後完成自我接納。

給孩子支持和鼓勵永遠都不晚。不再投射之後，我們還需要不斷支援和鼓勵孩子自我探索、自我規劃和自我實現的行爲。

當我們試圖信任孩子的時候，孩子也許會讓我們失望，比如上面那位父親曾經試圖讓孩子自己掌握手機的使用，但是孩子沒有遵守約定。即使這樣，也不必太過焦慮，孩子自我控制能力的發展需要一個過程，孩子食言和突破設定的邊界是很正常的事情，我們需要接納這一點。回顧自己的成長經歷，我們又何嘗不是在犯錯和改正中不斷成長的呢？所以，家長要信任、支持和鼓勵孩子，接受孩子的不足和錯誤。

最後補充一點，孩子自主性發展不足還和父母的共生型、控制型和忽視型養育有關。在共生和控制的養育模式裡，孩子的自我功能是被剝奪或被控制、利用的，這導致孩子沒有自我發展的空間。而忽視孩子自我功能發展的結果是，孩子沒有足夠的養分，沒有父母的鼓勵和讚賞來支撐自身的探索行爲，無法發展面對挫折時的復原能力。這些都導致孩子的自主性發展受損。

透過語言，看見孩子

發展幼兒和兒童自主性的遊戲非常多，在需要共同參與的遊戲裡，父母要多鼓勵和支持孩子，特別要注意少說「不要」「不應該」「不對」等具有限制性的話語。這些話語看似在指導孩子，實則是在否定孩子。常常被否定的孩子，他們的自主性會受到損傷。因此，把鼓勵和讚賞注入遊戲是發展孩子自主性的最佳方式。

比如，四歲多的孩子在玩積木，如果這時積木倒塌了，他可能會崩潰大哭。這樣的情形在這麼大的孩子身上出現是正常的，因爲孩子的內在還很脆弱。這個時候不要說：「有什麼好哭的，倒塌了再搭起來就好了。」而要說：「哦，倒塌了，你感覺很生氣，是嗎？需不需要媽媽幫忙呢？我們可以一起重新搭起來。」通常情況下，孩子都樂意我們參與和幫忙。這個過程的核心是在孩子感到失敗的時候，父母能給予情緒上的理解和情感上的支持。

孩子自我的力量感是孩子自主性的基礎。我們可以和孩子玩「對抗」遊戲來獲得這種力量感。首先，設定一個目的區域，我們扮演障礙，讓孩子穿過我們，到達目的區域。我們會試著讓孩子使出全身的力氣，培養他們對身體力量的信任感。在這個過程中，我們一方面要設置對抗，一方面又要鼓勵孩子，讓孩子在這個遊戲裡不放棄，並最終取得勝利。在這個過程中，孩子一方面感到挫敗和艱難，另一方面感到來自父母的鼓勵和支持，這樣取得的勝利會給孩子帶來極大的滿足感，讓孩子的自我變得有力量，內在變得有自信，孩子承受挫折的能力也會提升。

我們也可以利用孩子的逆反心理來發展孩子耐受攻擊的能力，即把語言的攻擊變成一種可以接受的、帶有幽默性的攻擊。這需要父母發現孩子語言攻擊的時機點。比如，在我女兒三歲左右的時候，她外公有時候會說她是「小黑妹」，這時她就會非常崩潰地大哭。後來我和她說，當外公說你是「小黑妹」的時候，你就說他是「糟老頭」。她真的這樣說了，外公大笑，她也非常開心地笑了。在接納的環境裡，攻擊性透過語言的幽默性變得沒有什麼攻擊性了。這麼做的意義在於能幫助孩子轉化這些負性情緒。

這樣的方式讓孩子更能應對外界的攻擊性，更能將攻擊性轉化爲可以消化的幽默。事實上，用幽默表達攻擊性是高級的防禦方式。

第二十六課
空間：「不完美媽媽」才是好

「完美媽媽」的傷害

完美媽媽，即過度照顧孩子的媽媽，通俗理解就是「溺愛」孩子的媽媽。這樣的媽媽很聰明，能精確地瞭解並滿足孩子的需求。孩子常常不需要思考和表達，就已經獲得了滿足。對於孩子自己的事情，媽媽永遠想得、做得都比孩子全面，久而久之，孩子就不需要爲自己的事情思考和負責了。

這樣養育孩子的結果就是，孩子過度依賴媽媽，無法爲自己的人生負責。就像電視劇《都挺好》裡的蘇明成，因爲蘇媽媽的溺愛，他無論在經濟上還是在情感上都過於依賴蘇媽媽，可以算「啃老族」了，只是「啃」得不算太厲害而已。

我曾經看過一則新聞，內容是一對年輕的夫妻把自己的孩子給賣了，但是事後又後悔，便報案尋找孩子。他們賣孩子的原因是父母不給奶粉錢。事實上，孩子的爺爺、奶奶長期都在給錢，已經沒有錢可以給了。而這對年輕的夫妻沒有工作，完全靠父母的資助生活，連養育自己的孩子也要依靠父母。這就是典型的「啃老族」了。

「完美媽媽」的愛為什麼是有「毒」之愛

但是，作爲媽媽，我們有時會很困惑，明明自己那麼愛孩子，爲什麼孩子還會出現各種問題？

原因是：「完美媽媽」剝奪了孩子的自我功能，讓孩子失去了成長的空間，阻礙了孩子主體的發展。

人格的成熟與穩定有賴於主體的發展。主體的發展是孩子在嬰幼兒時期媽媽全心全意地提供愛，隨著孩子逐漸長大，媽媽在給孩子足夠的自我發展空間的同時，還給予信任、支持、鼓勵和讚賞，以此支持孩子走向獨立，這也是嬰兒從感知自我，從自我還不存在的狀態逐步轉向自我誕生並獨立的過程。孩子的自我越獨立，他們的主體感越強，自尊水準就越高，也就越有自信，越有行動力。反之，孩子的主體感虛弱，人就會比較自卑。

在我剛剛參加工作的時候，老家的表哥打電話給我，希望我能爲他的一位朋友的電話卡儲值一百元，原因是他的朋友錢包被偷了，手機又停話了。因爲錢不多，我沒有多想就照做了。

一個月之後，他又打電話給我，希望我再次儲值。我當時特別多瞭解了一下。實際上，是他朋友的女朋友需要儲值。但是我知道他的朋友已經成家了。我當時很憤怒，對這個朋友的做法完全無法理解。後來，我瞭解到，他到處請客、吃飯、幫朋友，而自己又不會賺錢，於是就到處借錢，然後，大多數時候由他的媽媽來收拾「爛攤子」。

從小他媽媽對他有求必應，這導致他形成了自戀型人格，擁有全能而誇大的自體，以此防禦他內心極度的自卑。

我之所以把「完美媽媽」加上引號是因爲，我覺得「完美媽媽」其實連合格都談不上，是有問題的媽媽。「完美媽媽」的愛是有「毒」之愛。

「完美媽媽」的愛的背後，其實是無法投射孩子，她們通過愛控制孩子，出現所謂的「完美媽媽」的深層原因是媽媽早年在成長中的創傷。

有些媽媽特別寵愛兒子，而會忽視和嫌棄女兒。比較嚴重的情況是，常常利用和剝削女兒。比如，讓女兒打工賺錢供兒子讀書，或女兒結婚要求高額的聘金，將其用於給兒子蓋房子和娶妻，等等。這些做法不僅給女兒帶來了創傷，也給兒子帶來了深遠的消極影響。

最嚴重的影響就是，孩子會產生分裂的自我：一方面感覺自己很好，充滿全能感；另一方面又感覺自己自卑而脆弱。

產生這些影響的原因是，媽媽對孩子也有著分裂的、難以整合的投射。媽媽一方面覺得兒子是寶貝，對他有高期待，毫無底線和邊界地包攬兒子所有的事情，兒子在家享有特權。比如，讓女兒事事遷就兒子；另一方面又把自己無法接納的無能投射給孩子，認爲孩子永遠需要被照顧，而自己是一個全能的媽媽。

這讓一個男孩永遠是男孩，不能成爲男人，也就是心理學提到的，這個男孩被「閹割」了。這個男孩會永遠在內疚和痛恨父母的深淵中煎熬。因爲，他最重要的、作爲個體存在的價值和意義被媽媽剝奪了。在這樣沒有底線、沒有原則的愛的夾擊，一種情況是男孩成爲「媽寶男」，忠誠於媽媽，而其對媽媽的「恨」就通過婆媳衝突外化表達；嚴重的情況是男孩在長大之後成爲「啃老族」，即事事遷怒於父母，又無法作爲成年人對自己負責。

成為「足夠好的媽媽」

我們努力提升自己的重要原因之一在於孩子。我們不想成爲壞媽媽，但是，如果又不能成爲「完美媽媽」，那麼，我們應該成爲什麼樣的媽媽呢？心理學家溫尼科特提出，我們應該成爲「足夠好的媽媽」，這也可以理解爲「合格的媽媽」「六十分的媽媽」。

一個足夠好的媽媽，是可以隨孩子的成長狀態而調整自己的。孩子還是嬰兒的時候，媽媽能以孩子爲中心，把孩子的需要放在自己的需要前面，讓自己成爲背景去敏感地獲取和回應嬰兒的需要。鏡映、涵容和心智化都是爲了更好地回應和調協孩子的需求。

隨著時間的推移，媽媽能逐漸減少代替嬰幼兒自我的做法，鼓勵孩子探索，媽媽能感受且接受被孩子「拋棄」。這意味著，媽媽和孩子之間存在一種空間，一種讓孩子可以表達自我的空間，這樣做就可能成爲「足夠好的媽媽」。

想成爲足夠好的媽媽，我們主要可以從以下三個方面入手。

1. 把孩子當作獨立的個體

把孩子當成獨立的個體的關鍵是要尊重孩子的選擇、情緒和空間。孩子和我們一樣，對被如何對待有著敏感的體驗。有的父母會覺得孩子什麼也不懂，常常奚落和取笑孩子。事實上，孩子的感受常常比成年人更敏銳。

有時候我感覺孩子就像父母的私有財產，在爲父母活著，而很多父母常常認爲這是理所當然的。這樣導致了個體邊界的模糊。所以，很多父母干涉孩子報什麼學校、學什麼專業、與什麼樣的人結婚，等等，因此導致衝突的情況也非常多。

把孩子當成獨立個體也意味著把孩子當成孩子。父母需要看到孩子的脆弱，從而接納孩子依戀的需求。在給予孩子足夠的理解、支持、鼓勵和讚賞的同時，父母也需要爲孩子設立規則，給予指導。這可以讓孩子感到安全，就像我們開車去一個陌生的地方，地圖和導航可以讓我們知道該往哪裡走，從而感到安全和安心。

接納自己對孩子的「恨」，接納孩子對自己的「拋棄」

親子關係的核心在於，我們不僅要愛孩子，爲孩子提供母性的功能，比如鏡映、涵容、心智化等，我們還需要接納自己對孩子的「恨」。「恨」讓我們和孩子之間的愛有一個空間，一個讓孩子獲得自我成長和獨立的空間。

愛和恨就像硬幣，一體兩面。我們對孩子又愛又恨，對父母也是如此。我們常常接受愛，卻難以接納恨，這會讓我們缺失自我的一個部分。

另外，家庭和夫妻關係是孩子健康成長的非常重要的背景，恩愛的夫妻是孩子學會愛最好的榜樣。

建立反思性的養育方式

好媽媽和壞媽媽之間的差異不在於會不會犯錯誤，而在於如何處理所犯的錯誤，這就需要媽媽的反思性功能。毫不誇張地說，作爲媽媽，我們都會犯錯。但關鍵是我們是否會反思，從而調整自己的養育方式。比如，當我們和孩子關係斷裂的時候，我們能否反思，並主動修復關係。

所有的孩子都是獨一無二的，我們需要同時從孩子和自己的視角看世界，需要讓自己保持開放性和好奇心。不要讓我們固有的經驗限制自己，也限制孩子。畢竟，在養育孩子的過程中，你是什麼樣的人，比你如何做更重要。

建立具有反思性的養育方式，我們需要常常反思以下問題。

孩子有什麼樣的情緒？爲什麼會有這些情緒？孩子希望從你這裡得到什麼樣的回應？這些回應包括情感回應、語言回應或者身體回應。

你的限制性語言「不能」、「不應該」、「不要」等是不是用得太多了？

你在什麼情況下會用這些語言？你能說出孩子十個優點嗎？分別是什麼？

你是不是把孩子的興趣變成了一種競爭取勝的要求？是不是在無意中抹殺了孩子探索的動力？孩子眞正的興趣是什麼？

你會讓孩子情緒失控或者崩潰的點是什麼？根據以往的經驗，在什麼情況下你可以安撫孩子，什麼情況下孩子會更加失控？有沒有其他的方式或者資源能改變這類情況？

孩子的哪些行爲會使你情緒崩潰或者失控？是什麼樣的情緒？搜索過往的經歷和經驗，你會發現什麼？

作爲媽媽，哪些是你擅長的，哪些是你不擅長的？發展擅長的，避開不擅長的。遇到不擅長的事時要尋求解決方案，不強迫自己成爲全能媽媽。

比如，我比較擅長和孩子玩遊戲，但是不擅長照顧孩子洗漱、吃飯，所以我常常和孩子玩耍，但對他們生活方面的照顧很少。當然，這需要有解決方案，比如由阿姨代替我照顧他們的日常生活。當然，你也可以學著去做，但是，一定不要太勉強自己，照顧孩子時如果太有壓力，我們就容易情緒失控，而情緒會給孩子帶來更加不好的影響。

不斷反思自我可以讓我們更加瞭解自己和孩子，也更能照顧好自己和孩子。

第二十七課
表達：如何形成自己的母愛表達風格

我聽過很多父母對養育孩子感到憂慮，爲此他們報了許多育兒課程。他們在眾說紛紜中，感覺自己不知如何是好。其實，每個孩子都是獨一無二的個體，每個媽媽也有著不盡相同的成長經歷，這樣的匹配決定了親子關係的獨特性。因此，在養育孩子的過程中，我主張每一位媽媽都要根據自己和孩子的特點，形成自己的養育風格。

育兒除卻一些基本的科學知識，它的核心在於父母是怎樣的人，即父母的人格決定了養育的品質。

你是什麼樣的人比你做了什麼更重要

我們的行爲常常由我們內在的人格決定，孩子內化的是我們內在的人格特質。比如，一個嚴苛的媽媽總是批評孩子，那麼孩子會內化媽媽的批評，長大之後對自己和他人都很嚴厲；一個冷漠的媽媽總是忽視孩子，孩子會內化媽媽沒有回應的特質，長大之後也常常忽視自己和他人。

因此，我們需要瞭解自己是怎樣的一個人。這就需要我們找到那些自我不接納的陰影，讓「陽光」照進來，完成自我接納。這樣，我們在養育孩子的過程裡，才不會給孩子帶來看不見的傷害。

舉個例子，一位媽媽小時候常常被父母嚴格要求，且總被批評不夠優秀。因此，這位媽媽對自己很苛刻，總覺得自己什麼都不好，有時候甚至覺得自己一無是處。比如，她覺得自己太胖，對自己的身材極不滿意。但是，她又很喜歡吃零食。於是，在很長的時間裡，她會控制一段時間不吃零食，而當她情緒不好的時候，又會失控地吃很多，她常常因此自責。這樣的情況延伸到她和女兒的關係中。她常常非常嚴格地控制女兒吃零食，而控制常常帶來失控。所以，她的女兒就非常執著於零食。

我們知道，孩子吃太多零食確實不好，限制孩子的零食數量通常是沒問題的。但是，這位媽媽對孩子的限制可能帶來孩子的對抗，原因是她自己就沒有眞正完成「吃」的議題。因此，她需要根據自己和孩子的情況，在自我接納的同時也接納孩子。吃零食讓媽媽焦慮，她擔心孩子會沒有節制地吃，這實際上是媽媽把對自己的焦慮和擔心投射給了孩子。如果媽媽能淡定地給孩子設立規則，那麼也就能很好地應對孩子突破規則的情況，而不是發展出一場場和孩子的拉鋸戰。

不同的內在特質會形成對待孩子的不同方式，我們在成長的路上，不可能一下子就成爲「足夠好的媽媽」。但媽媽是最瞭解孩子的，因此，媽媽需要根據孩子的需要調整自己的養育風格。

現在，我建議大家列出五個以上養育孩子的獨特時刻。在那一刻，你和孩子連結在一起，你是快樂的、享受的。把這些時刻描述出來，你會發現你擁有自己獨特的和孩子相處的方式，或獨特的、有效的養育理念。

通常，人們養育孩子的風格包括信任、眞誠、溫和、開放、嚴厲、細緻、嚴謹、幽默、善良、友善等。我們不可能擁有所有美好、優秀的品質，但是，這當中一定有你所具有的，找到它，堅持它，你將擁有與孩子獨特的連結和傳承。

舉個關於信任的例子。我女兒在讀小學期間一直沒怎麼上補習班，受心理學的影響，我更注重她的感受和選擇。她是一個愛玩的孩子，因此，常常都是臨近開學的時候才做寒暑假作業，有時候做不完會急得大哭。這個過程對我而言是一個極大的考驗。因爲她的很多同學都在上補習班，這常常讓我焦慮。對於寒暑假作業，我堅持她的事情由她自己規劃和負責，但結果常常讓我感覺挫敗。爲此，我常常在內心告訴自己：孩子總是在錯誤中成長的，我需要信任她，也信任自己。我覺得自己是一個上進而有規劃的人，我相信我的女兒，只要給予她足夠的愛、支援和讚賞，她就會內化我的品質，也擁有這些品質。

如今，她已經讀國二了，成績很好。她喜歡繪畫，並且開始爲自己的理想而奮鬥。雖然還是很愛打遊戲、愛玩，也時常對我發脾氣，但是，我看到了她的內在，她善良、堅韌而富有勇氣，這也是我所期望的。我很清楚，我不能給予她最好的教育、最好的未來，但是，她擁有的內在品質可以支持她獲得美好的人生，因爲她對自己有足夠的、眞實的信任。

在養育孩子的過程裡，信任孩子和信任自己同等重要。

再舉一個例子。比如，在養育孩子的過程中，眞誠而開放地表達對孩子的愛，常常可以化解許多親子衝突。

眞誠而開放意味著我們把孩子當成獨立的個體與之交流，我們需要開放地表達自己內在的感受、理解和思考，這一點對於更大的孩子是很重要的。交流的核心不在於對錯、應不應該，而在於感受、理解和思考。在日常生活裡，我已經習慣了向孩子提要求、下指令，而不是平等地溝通。因此，我們需要改變方式，學會溝通，在這個過程裡認可和接納孩子的情緒，傾聽孩子內在的聲音，也讓孩子理解我們。

我們認可和接納孩子的情緒，並不等於我們要滿足孩子。我們之所以會在孩子提要求的時候生氣是因爲我們認爲自己不得不滿足孩子，於是也就不想去安撫孩子。比如，孩子去遊樂園玩，常常到了時間仍然不肯離開，還鬧脾氣。有的父母爲了安撫孩子的情緒，會妥協，讓他們再多玩一會兒，或對孩子發脾氣，強行離開。其實這兩種做法都忽視了和孩子眞誠的溝通。事實上，也許你可以和孩子說：「我知道你喜歡在這裡玩，我也很喜歡這裡，我也知道要離開這裡讓你很不開心，但是我們確實需要回家了，現在已經很晚了，我們需要回家做飯吃飯，所以我們眞的要回家了。下一次媽媽還會再帶你來玩的。」通過這樣的語言交流，孩子會感覺自己的情緒是被接納和理解的，也明白自己內心的意圖和別人是不一樣的，這就爲孩子提供了一個體驗和思考的空間。這樣，孩子就會逐步學會在現實中妥協，學會應對挫敗感。

因此，媽媽們完全可以放心地、眞誠而開放地和孩子溝通，表達自己內心的思考。這是別人無法取代的，是你和孩子之間獨一無二的體驗。

我們都會用一些詞形容我們的父母，反過來，當我們的孩子長大後，他們會用什麼樣的詞來形容我們呢？這些詞就是我們身上具有的獨特的品質，也會成爲孩子內在的核心部分。

你是怎樣的一個人，你具有怎樣的優秀品質，決定了你的養育特質。沒有完美的父母，也不存在「正確」「最佳」的養育方式。

「以自己的方式」養育孩子，和鏡映、涵容和心智化等一樣重要。對於如何當父母，我們都是從零經驗到有經驗，其中的艱辛只有自己最清楚。接納自己、愛自己、成爲自己，是給孩子和自己此生最好的禮物。這裡，我有一部關於爲人父母、爲人子女和爲人伴侶的好劇分享給大家：《我們這一天》（This is us）。

第二十八課

依賴與獨立：在愛中分離，發展孩子獨立自主的能力

依戀與獨立

孩子的自我發展是從全然的依戀到依賴，再發展到獨立。這樣的獨立從根本上來說，是人格的獨立。人格的獨立意味著有自己的主張和見解，並且能堅持自我；意味著能接受他人的觀點和差異性，擁有清晰的人際邊界；也意味著不會害怕離開某個人就活不下去。

當然，和成年人不同，孩子必須依賴父母才能活下去。

事實上，孩子的成長就是一個依戀性減弱、獨立自主性增強的過程，也是

一個逐步分離、變得個體化的過程。即從嬰兒期對媽媽全然的依戀，到幼兒期開始發展自我，有自己的主見，再到兒童期開始離開父母，和夥伴建立關係，接著到了青春期，開始不認同父母，逐步完成自我的獨立。

一元、二元和三元關係

孩子想成爲獨立的自我，擁有獨立的人格，必須和父母在愛中分離。即從嬰兒期和媽媽共生的一元關係，到幼兒期和媽媽緊密連結的二元關係，再到三歲多讀幼兒園時，發展出和爸爸、媽媽同時存在連結的三元關係。發展出三元關係就是確立自我和獨立的標誌。

一元關係大概在孩子零到二個月大時出現，這時孩子和媽媽是共生的，孩子擁有一種全能自戀，會覺得媽媽是自我的一部分。這個時候媽媽要把孩子的需求放在第一位，儘量滿足和回應孩子。對於媽媽而言，比較困難的是二元和三元關係。

二元關係大概在孩子三到二十四個月大時出現，這時孩子和媽媽從融合的感覺裡逐步分化，孩子的自我開始誕生。孩子開始區分媽媽和自己，對陌生人會產生焦慮。孩子開始走路、說話，開始探索這個世界。這是一個從分化轉向獨立的過程。這個階段孩子還非常依戀媽媽，所以無論孩子在做什麼，他都會確認媽媽是否在自己身邊。當孩子會走了以後，一步步地遠離媽媽，走的每一步，都是孩子朝向獨立的一步。

這個時候孩子還陶醉於自我無所不能的感覺裡，他對這個世界充滿好奇心，感到無比興奮。媽媽在這個階段常常感覺被折騰得筋疲力盡，因爲孩子仿佛永遠精力旺盛。一個好媽媽在這個時候要提供一種安全的「在場」，也要充分滿足孩子無所不能的自戀需要，要進行及時的、精確的、共情的回應。如果這個時候媽媽常常給予孩子打擊、批評並強行壓制孩子的探索行爲，那麼孩子就會產生之前提到的自戀受損或低自尊的問題。

我和兒子常常玩「鬼抓人」這個遊戲。玩遊戲時，他會跑開，然後我會抓住他，之後我又假裝讓他掙脫逃走，這個時候他就會非常興奮。或他來抓我，而我總是被他抓住，他也會非常激動。因爲他會感覺他在控制我，這會帶給他一種全能的感覺，讓他形成自尊感。

分離總是在愛中完成，即在安全依戀裡完成，因此，媽媽的狀態和回應是非常重要的。媽媽需要用欣賞的、帶著微笑的、深情的眼光看著孩子探索世界，不斷地鼓勵和讚賞孩子，和孩子產生共同的喜悅和快樂，就是共情的過程。這樣，媽媽就和孩子建立了安全的依戀，孩子在這樣安全的感覺裡才可以更加自信地表達自我的主張、需求和情緒，從而更加獨立。

同時，分離需要健康的攻擊行爲，所以，媽媽要經得起孩子的攻擊。在安全依戀裡，孩子的攻擊性會自然地表達並被媽媽接納，孩子需要感到，即使他攻擊媽媽，也不會遭受媽媽的報復。

在三元關係裡，在孩子二歲之後，爸爸需要更多地介入養育孩子的過程，孩子需要和爸爸、媽媽發展出三元關係。事實上，爸爸的介入非常重要。有很多媽媽和孩子共生的原因之一就庭中情感方面的缺位。於是，媽媽把所有的情感都投注在孩子身上，這就使得孩子無法從二元關係發展到三元關係。爸爸和媽媽共同養育孩子並且夫妻恩愛，就是孩子學習成熟的愛的最好示範。

此時，孩子的個性逐步增強，自主性越來越強，內在關係模式也基本形成並趨於穩定。孩子會不斷地表達自我需求，會想自己做很多事情，依然從早到晚精力旺盛。而之前溫暖的養育經驗可以讓他面對分離和挫折時不被壓垮。

從一元到三元關係的發展過程對孩子至關重要，對媽媽也是很大的考驗。事實上，媽媽需要從最早全然生活在孩子的世界裡逐步撤回，開始關注自己的事情和夫妻關係，要有自己的興趣，這樣，就會留出孩子需要分離的空間。這個過程是緩慢的，不是斷崖式的。

嬰兒式依戀和成年人依戀

嬰兒依戀媽媽是生物屬性，和媽媽分離則是自我誕生和發展所需要的。因此，孩子總是會在依戀和獨立之間不斷搖擺，這讓孩子非常焦慮。孩子在走向獨立時經歷焦慮，有的媽媽會安撫孩子。順利完成和父母分離的孩子會擁有成熟而穩定的人格。這樣的人既不恐懼依戀，也不會覺得不依戀某個人不行。

孩子的分離必須在安全依戀的親子關係裡逐步完成。當父母對孩子的愛足夠穩定和長情時，就會被孩子內化，成爲孩子內在的父母。內在的父母讓孩子即使在身心和父母分離的時候，也總是能感受到愛，不會被分離後的孤獨和恐懼所擊倒。因此，在孩子走向獨立的過程中，父母需要持續提供愛。

如果孩子在小時候沒有得到安全的依戀，那麼，他們就很難在發展中分離。這樣，就會形成分離的困難，嚴重情況下會形成分離障礙或依戀障礙。有一類人，他們沒有眞正完成和父母的分離，而是保持了一種嬰兒式的依戀。這在親密關係中常常表現爲需要另一個人全然的關注和照顧。比如，如果失戀，就會感覺難以活下去。在親子關係裡，他們想要和孩子共生，緊緊地抓住孩子不放，害怕自己被拋棄。

而另一類人則以反向形成的方式來應對無法完成的分離個體化，即假性獨立。這樣的成年人會表現出過度的獨立，他們看起來不需要依戀任何人。因此他們難以和伴侶建立深厚的情感連結，而在養育孩子的時候，他們對孩子的身體和情感也常常保持一定的距離，很多時候實施的是教條式的養育。假性獨立背後是對依戀他人的恐懼，其深層原因是害怕被他人羞辱、拋棄等，害怕處於一種無助和無價值的狀態。

這兩種類型的人常常會成爲伴侶，前一類人依戀後一類人，而後一類人則依賴於前一類人「對自己的依戀」，通過強制關心和照顧對方體現自己的價値感，這是一種合謀的關係。

這樣的合謀也常常出現在親子關係裡。比如有一位媽媽認爲自己孩子的腸胃有問題，堅持每個月帶孩子去醫院看病、吃中藥。而我在爲這個孩子開始諮詢工作之後，發現這個孩子的體質和食欲都非常好，但有非常多的衝動行爲，其原因就是媽媽堅持投射孩子的身體有問題，需要她的照顧。究其原因，可能是這位媽媽在早年遭受過嚴重的饑荒。

如果媽媽因爲早年創傷出現了依戀方面的問題，那她就需要積極重視解決問題。一方面，她可以通過聽課、學習、覺察、體驗和反思，在關係裡積極地投入以帶來改變；另一方面，如果她能和伴侶建立一種穩定而溫暖的親密關係，那麼，依戀的困難就會自然解決，因爲伴侶是最好的治療師。除此之外，她也可以考慮通過心理諮商獲得成長。

一個擁有成熟而獨立人格的人，可以對自己負責，也可以在需要的時候依戀他人。根據約翰·鮑爾比的觀點，一個人要能夠在受傷、苦惱的時候信任他人，並且在情感上依賴他人，才能更好地遠行，更好地獨立面對挫折。所以，在成年人的世界裡，依戀與獨立既是兩條獨立的線路，又相互關聯。你會發現，你越信賴他人，就越不需要黏著他們。

第二十九課

驕傲的勇氣：孩子獲得幸福和成功的基石

驕傲和羞恥

爲什麼人要「大膽地驕傲」？一方面，「驕傲」是一種健康的情緒，是一種對自己通過努力獲得成功的喜悅，也是一種想通過「炫耀」而向他人分享喜悅的情感。比如，我四歲的兒子會得意揚揚地對別的小朋友說：「你看，我的火車比你的跑得快。」而我女兒在小學時和同學吹噓說：「我媽媽是國家二級心理諮商師。」我們也會看到很多父母或祖父母在他人面前誇耀自家孩子，這些行爲事實上都是驕傲感的本能反應。

而另一方面，在孩子的成長過程中，孩子也非常渴望父母能夠分享驕傲感，並爲他們感到驕傲。而作爲父母的我們，如果內心能眞實地爲孩子感到驕傲和喜悅，這對孩子自尊的發展是非常重要的。通過父母的回應，孩子能眞正感到自己是好的、是有價値的、是有能力的。這些美好的感覺也是孩子在未來遭受挫折時可以爲自己提供能量的精神食糧。

說到驕傲，就不得不談到另外一種情感——羞恥感。羞恥感是自尊受損的核心體驗，是我們在面對個人失敗、能力不足時，感覺自己不好的一種情感。在公眾場合下，我們的羞恥感可能加重。嚴重的羞恥感常常導致自我厭棄或自我憎恨，在我們感到羞恥的時候，我們要不回避，躲藏起來，要不表現自大、防禦他人。

當孩子感到學業困難或競爭失敗，被同伴排斥、嘲弄甚至欺淩時，都會產生羞恥感。而父母的批評、指責、拒絕、貶低和鄙視更是孩子自尊的「殺手」，這會讓孩子深陷羞恥感，活在失望和憎恨中，並且困擾終身。孩子還可能發展出消極對抗，或無法爲長遠的目標持續努力。

孩子還有一種容易被忽視的羞恥感來自先天的不足，比如運動協調障礙、閱讀障礙等，這些不足通常都會引發孩子強烈的羞恥感。

事實上，每個孩子都有對驕傲的需求，也會對羞恥感採取回避態度，這是他們成長的動力，將貫穿孩子的一生。

其實，成年人也一樣需要驕傲的勇氣，需要讓自己驕傲起來。驕傲的感覺越多，人們就會越接納自我、越自信，羞恥感也越少。孩子驕傲的情緒需要得到父母的滿足，這是發展自尊的重要方式，也是孩子幸福和成功的基石。

驕傲與自大

提倡滿足孩子驕傲的情緒，可能會讓作爲父母的我們有些擔心。驕傲是不是和自戀、自大或自我膨脹一樣呢？我們這樣做會不會太縱容孩子，導致孩子沒有自知之明而驕縱呢？

答案當然是不會。

在我十多年的臨床諮商經歷裡，以及我的學習過程中，我見過、聽過很多有憤怒、衝動、消極或厭學情緒的孩子。有的孩子沉迷於網路遊戲，有的孩子考試成績不夠理想就非常自責，其背後原因主要與被批評、貶低有關。很多孩子甚至被過度批評，或者被大人用「豬」、「窩囊廢」之類極具侮辱性的語言謾晰，他們當中很少有人被好好表揚。這實際上就是情感忽視。

當然，我們也要區分健康的驕傲情緒和自大、自戀的情緒。眞正的驕傲基於實際的成功，是爲自己付出的努力眞正感到自豪。而自大是一種自認爲全能且擁有特權的不健康自戀，是一種誇大的、扭曲的自我認知。比如清高、傲慢這樣的情緒就不是驕傲，而是一種爲了掩蓋難以啓齒的羞恥感而產生的防禦。具備這種特質的人會給人一種拒人於千里之外的感覺，因爲他們害怕甚至恐懼自己眞實的、糟糕的自我會被他人洞察，這會引發強烈的羞恥感。

因此，驕傲和自大有本質上的差別。驕傲基於健康自戀，處於高自尊水準；而自大基於不健康自戀，處於低自尊水準。允許孩子表達驕傲有利於孩子體會自己的優點與長處。

如何表達「為孩子驕傲」的情緒

向孩子表達爲他驕傲的情緒，即表達對孩子的讚賞和表揚，有三個要點。

第一，聚焦於孩子付出的努力和取得的成果。

我們讚賞和表揚的重點是孩子的態度，比如他的努力、堅持、認眞，及其帶來的收穫。斯坦福大學心理學家卡羅爾·S·德韋克（Carol S. Dweck）和同事做的重要研究表明：讓孩子明白，要想達成目標，努力比能力更爲關鍵，這樣做會對孩子的發展產生積極的效果。

而努力是一種態度，是一種獲得成功的態度。通過努力獲得成功，會讓孩子擁有一種自我勝任的感覺，他們會相信自己可以通過努力達成目標。這樣的能力對耐受挫折非常重要。

在日常生活中，爲了讓孩子感覺驕傲，我們的讚揚需要具體。比如，孩子做作業雖然出錯了，但是他很認眞地改錯，這時我們可以表揚他認眞的態度。

第二，結合「外在獎勵」，注重「內在回應」的讚賞和表揚模式。

很多教育類圖書會鼓勵家長用「外在獎勵」的方式表揚孩子，比如小紅花、糖果和金錢。這種方法對幼兒園的小朋友比較有效，但隨著孩子的成長，孩子常常不屑於努力爭取這樣的獎勵。同時，如果主要用這種方式表揚孩子，實際上是在忽視孩子內在的情感，並且只注重外在物質和利益，會使孩子在感受上變得膚淺，這對孩子的人格發展沒有好處。

比較好的方式是，對於在兒童期之後的孩子，即使我們想使用「外在獎勵」，也需要重視「內在回應」。內在回應即以微笑、讚許和欣賞的目光給予孩子回應。很多時候，一個擁抱加一句「我爲你驕傲」就能直抵孩子的內心。

第三，避免「空洞的表揚」。

卡羅爾·S·德韋克的研究還表明：肯定孩子的能力而非孩子的努力會帶來許多消極影響。這事實上是一種「空洞的表揚」，因爲可能在父母表揚孩子很棒的時候，其實孩子既沒有努力，也沒有做出任何很棒或很特別的事情。

舉個例子，在一堂主題與養育有關的講座上，有一位媽媽問我，爲什麼她正在讀高中的孩子非常懶，做什麼都需要別人叫他，他才會做。比如吃飯要叫他，拖地板要叫他，就連洗澡也要叫他，要反復地叫他，如果不叫他，他可以一個星期都不洗澡。

每個人的天性都是正向的、勤快的，一個人要讓自己一直保持懶的狀態需要很大的能量。所以我覺得她的孩子處在一種強大的對抗狀態裡。他想要對抗媽媽的控制，對抗媽媽對他自我功能的剝奪。他會認爲，如果都按媽媽的意思去做，那我和提線木偶有什麼區別呢？

對於獨立個體而言，「誰說了算」是一個重要而嚴肅的問題。我記得當時我問了那位媽媽一個問題：「你是否相信你的兒子有能力做好他自己的事情，你是否會因爲他做了好事而讚賞他？」媽媽回答我說：「我有呀！比如，他那天去打開水，我就誇他『你好棒』。」

媽媽對讀高中的兒子的讚賞就屬於「空洞的表揚」，沒有實質的意義。她的兒子也不會因爲這句話而感覺自己眞的很好、很棒。這樣的表揚常常會帶來副作用，會讓被表揚的人覺得自己更糟糕。也許，她的兒子會嗤之以鼻，覺得打個開水這種小孩都會的事，有什麼可誇的？因此，父母在讚賞和表揚孩子的時候，不要不切實際、言不由衷。這個建議我同樣送給成年人，成年人在處理伴侶關係、同事關係時常常也是如此。

最後，我還要強調，對於孩子的努力、堅持和發展過程，我們要毫不吝嗇地表達我們的讚賞。

第三十課

榜樣的力量：如何讓孩子從你身上獲得內在力量

認同與自我

父母是孩子依戀的對象、力量的來源。父母是怎樣的人，會有怎樣思考、言行，都會對孩子產生影響。

這個學習的過程就是認同。

認同是推動人格形成的重要機制，即孩子內化父母的品質的過程。他們學習如何像父母那樣思考、感覺或行動。這樣，父母就被納入孩子的自我，並且成爲孩子人格的一部分。我們常常提到的內在父母就是在孩子的成長過程裡長年累月形成的。因此，父母是怎樣的人，是真正決定孩子人格的重要因素。無論你學習了多少養育孩子的技術和方法，孩子內化的都還是有關你人格的部分。這種內化主要是通過潛意識發生的。

認同本身沒有好壞，無論父母是溫暖、包容的，還是冷漠、苛責的，這些都會被孩子內化。比如，開朗的父母會養育出開朗的孩子，邋遢的父母會養育出邋遢的孩子。

父母對孩子的影響如此深遠，無論你爲人父母是否合格，你都是孩子的榜樣，孩子都會認同你身上的品質。如果我們想讓孩子活出內在自我的力量，可以讓孩子內化我們身上好的品質，比如堅韌、包容、善良、勇氣等。

如果爸爸或媽媽缺席，那麼孩子就會產生幻想認同。孩子會在內心幻想爸爸或媽媽的樣子，也許電視裡某個英雄或偶像是爸爸或媽媽的原型。孩子長大後，會把他幻想中的爸爸或媽媽形象投射到老師、主管或伴侶身上，以此期望獲得早年缺失的愛。但是常常事與願違，因爲幻想中的父母是被理想化的，現實的關係是無法滿足這種理想的。這就導致孩子在成年之後，常常過度理想化他人，之後因爲理想破滅，而與他人斷絕關係，陷入痛苦，如此反復。

認同有很多層面，要想理解我們自身及孩子內在到底認同什麼，我覺得有兩個思考方向，也許你可以嘗試把它們寫下來。

其一，你從爸爸和媽媽身上分別認同了什麼？你對他們的渴望分別是什麼？

其二，你的孩子認同了你身上的什麼？他內在對你的渴望是什麼？舉個例子，一位總是在孩子面前抱怨和指責丈夫的媽媽，她內心對丈夫是失望的，甚至是憤怒的，因爲她認爲丈夫「膽小懦弱」。但如果回顧一下，會發現她的媽媽對爸爸也是失望的。她認同了媽媽內心爸爸男性的形象，即一個「膽小懦弱」的男人。而這個男人形象是她建立最早的也是最重要的男性形象，可以說，是她內在男性的原型。

長大之後，她會找一個和爸爸一樣的男人，會把內心中爸爸的男性原型投射給伴侶。她在親密關係裡常常會感到失望，她實際上是渴望從爸爸或丈夫身上獲得力量和保護的，而現實常常會讓她失望、憤怒。

她的孩子可能會繼續認同媽媽是一個強大而憤怒的女性，覺得沒有一個男性是可以信任和依靠的。那麼，她的孩子對媽媽真實的渴望是什麼呢？我想是一種穩穩的力量，一種可以信任和愛他人的能力。

孩子對父母都有理想化的需要，因爲父母的力量和美好是孩子自我的一部分。如果父母無法彼此認同和欣賞，那麼，孩子對父母某一方的認同就會帶來雙方的衝突。孩子往往選擇認同最照顧他的人，這是出於生存的需要。

當孩子需要在父母之間站隊的時候，孩子就不再是孩子，而成爲夫妻之間內在及外在「戰爭」的工具或犧牲品。這會對孩子的發展帶來極大的傷害。

現實自我與理想自我

自我有很多部分，比如我們對現實中的自己的感知，即現實自我；我們內心渴望成爲的自己，即理想自我。我們內在都有理想自我，我們也會不斷地努力實現這個自我。我鼓勵女性的理想自我包含「獨立」和「自由」的元素，我也認爲，這是給孩子最好的榜樣。走向獨立和自由是一個過程，回憶我自己的成長歷程，我走了十幾年，還在路上，但走得越來越好。

同時，我也覺得，現實自我其實常常離理想自我很遙遠。這常常讓我們對自己失望，對未來失望。不過，我們常忽略一些內在的本質，那就是成爲孩子的榜樣不在於我們擁有多少財富和權力，獲得了多大的成就，而在於我們如何面對自己的人生困境。是自暴自棄，還是充滿希望而堅韌？

作爲父母，我們展現出來的面對挫折的勇氣和堅韌是孩子應該認同的最重要的，也最有力量的部分。因爲勇氣和堅韌可以讓孩子持續地爲實現理想自我而努力，這種積極的內在力量可以讓孩子在面對挫折的時候能更快地走出低谷，而不會陷入憂鬱或放棄理想和自我。

對此，我自己深有體會。人到中年，雖然生活坎坷，但還好我沒有放棄。讓我非常欣慰的是，我在女兒身上看到了她內在堅韌的品質，可以預見，她內在的獨立思想和追求自我的精神正在成爲她生活的動力。因此，要讓你成爲自己，擁有獨立和自由的勇氣；讓你的孩子成爲自己，擁有內在生命的力量。

希望，是一切的源頭

在我的生命歷程裡，無論是我的朋友還是我的來訪者，他們身上最讓我感動的是，即使經歷了難以承受之痛，面對困境也依然心懷希望。而希望，是一切的源頭。

希望和驕傲一樣，常常被我們忽略。你對自己抱有哪些希望？又對什麼滿懷失望呢？我們會發現，對伴侶的失望、對愛的失望、對自己的失望和對孩子的失望等，會成爲困擾我們自己的根源，讓我們陷入消沉而低迷的情緒，或感覺憤怒。失望久了，會成爲一種習慣。

大多數人想成爲足夠好的媽媽、成爲理想的自己、成爲孩子的榜樣，也許你不是做得最好、最完美的那一位，但是你可以成爲一個充滿希望的自己，這本身就是給孩子最好的禮物。孩子和我們一樣，無論我們如何保護他們，他們都要面對人生的挫折和喪失，我們能給予他們的最好的禮物就是：即使受挫，也心懷希望。

成爲心懷希望的媽媽並不容易，因爲有太多的傷痛讓我們裹足不前，失去希望。這是常常會發生的事情。我們應接納自己消極的一面，同時認同自己堅韌的一面。就我自己的經驗而言，我常常隔一到二個月就會有幾天感覺很悶，什麼也不想做，之後會慢慢好起來。在這個過程中，不陷入自我否定是非常重要的，自我否定會讓我們持續地感到自己很糟糕。我的應對方式是接受自己的感受，和自己的感覺共處，好好休息，做自己喜歡的事情，同時相信那些有力量的部分會慢慢地回來。

我的督導的老師肯尼斯·巴里西（Kenneth Barish）教授有著近四十年兒童和青少年臨床工作經驗和研究。他在《積極的情緒，自信的孩子》一書中提出「希望」可以增強孩子的「情感免疫系統」。作爲父母，我們有兩個方向可以與孩子建立積極的情感：一方面是我們的內在是充滿希望的，孩子會通過認同我們而發展這種充滿希望的品質；另一方面是，我們需要共情、理解、思考孩子面對挫折、失望、受傷和被不公平對待時的感覺，同時和孩子保持積極的對話。這兩部分都可以讓孩子發展復原力，不被消極的情緒困擾，從而獲得自信，擁有熱情的態度。

參考文獻

1．西蒙娜．德．波伏瓦．第二性．鄭克魯，譯．上海：上海譯文出版社，2014.

2．阿琳．克萊默．理查茲．女性的力量：精神分析取向．劉文婷，王曉彥，童俊，譯．北京：世界圖書出版公司，2017.

3．巴塞爾．范德考克．身體從未忘記：心理創傷療癒中的大腦、心智和身體．李智，譯．北京：機械工業出版社，2016.

4．羅伯特．凱倫．依戀的形成：母嬰關係如何塑造我們一生的情感．趙暉，譯．北京：中國輕工業出版社，2017.

5．湯瑪斯．H．奧格登．心靈的母體：客體關係與精神分析對話．殷一婷，譯．上海：華東師範大學出版社，2016.

6·約翰·鮑爾比·安全基地：依戀關係的起源·余萍，劉若楠，譯·北京：世界圖書出版公司，2017.

7·約翰·鮑爾比·依戀三部曲·萬巨玲，等譯·北京：世界圖書出版公司，2018.

8·丹尼爾·N·斯騰·嬰幼兒的人際世界：精神分析與發展心理學視角·張慶，譯·上海：華東師範大學出版社，2017.

9·大衛·J·威廉·心理治療中的依戀：從養育到治癒，從理論到實踐·巴彤，李斌彬，施以德，等譯·北京：中國輕工業出版社，2014.

10·艾倫，福納吉，貝特曼·心智化臨床實踐·王倩，高雋，譯·北京：北京大學醫學出版社，2016.

11·肯尼斯·巴里西·積極的情緒，自信的孩子·莫銀麗，譯·武漢：長江少年兒童出版社，2016.

12·孫隆基·中國文化的深層結構·北京：中信出版社，2015.

女力星球 04

我的愁我的苦，媽媽，你從來不知道

作　　者　侯玉珍
封面設計　之一設計工作室／鄭婷之　　內文排版　游淑萍
副總編輯　林獻瑞　　責任編輯　李岱樺　　行銷企畫　呂玠忞

出 版 者　好人出版／遠足文化事業股份有限公司
新北市新店區民權路108之2號9樓
電話 02-2218-1417　傳眞 02-8667-1065
發　　行　遠足文化事業股份有限公司（讀書共和國出版集團）
新北市新店區民權路108之2號9樓
電話 02-2218　傳眞 02-8667-1065
電子信箱 service@bookrep.com.tw　網址 http://www.bookrep.com.tw
郵政劃撥　19504465　遠足文化事業股份有限公司
讀書共和國客服信箱：service@bookrep.com.tw
讀書共和國網路書店：www.bookrep.com.tw
團體訂購請洽業務部(02) 2218-1417 分機1124
法律顧問　華洋法律事務所　蘇文生律師
印　　製　中原造像股份有限公司

出版日期　2023年12月27日二版一刷
定價　400元
ISBN　978-626-7279-53-3（平裝）
ISBN　9786267279519（EPUB）
ISBN　9786267279526（PDF）

國家圖書館出版品預行編目(CIP)資料

我的愁我的苦，媽媽，你從來不知道／侯玉珍作. -- 二版. -- 新北市：遠足文化事業股份有限公司好人出版：遠足文化事業股份有限公司發行, 2023.12
面；　公分. --（女力星球；04）
ISBN　978-626-7279-53-3（平裝）

1.CST: 母親 2.CST: 家庭關係 3.CST: 女性心理學

173.31　　112018840